Al otro lado de la pantalla

Alba Quintas Garciandia

Al otro lado de la pantalla

Notas y prólogo de
Silvia Vega Ordóñez

Ernst Klett Sprachen
Stuttgart

1. Auflage   1 11 10 9 8 7 | 2029 28 27 26 25

Alle Drucke dieser Auflage sind unverändert und können im Unterricht
nebeneinander verwendet werden.
Die letzte Zahl bezeichnet das Jahr des Druckes. Das Werk und seine
Teile sind urheberrechtlich geschützt. Jede Nutzung in anderen als
den gesetzlich zugelassenen Fällen bedarf der vorherigen schriftlichen
Einwilligung des Verlags.

© 2012 Alba Quintas Garciandia
© 2013 Ernst Klett Sprachen GmbH, Rotebühlstraße 77, 70178 Stuttgart.
Alle Rechte vorbehalten. Die Nutzung der Inhalte für Text- und Data-
Mining ist ausdrücklich vorbehalten und daher untersagt.
www.klett-sprachen.de

Herausgeberin der Reihe *Literatura Juvenil*:
Prof. Dr. Andrea Rössler

Redaktion: Marcelo Rodríguez
Layoutkonzeption: Elmar Feuerbach
Gestaltung und Satz: Satzkasten, Stuttgart
Umschlaggestaltung: Sandra Vrabec
Titelbild: iStockphoto (AAR Studio), Calgary, Alberta
Foto S. 118: 5M Ediciones
Foto S. 124: Jordi Sierra i Fabra
Druck und Bindung: Plump Druck & Medien GmbH, Rheinbreitbach

Printed in Germany
ISBN 978-3-12-535778-5

Índice

Prólogo

Alba Quintas no es, a pesar de su juventud, una novicia en el terreno de la narración. Ya desde muy temprana edad, esta madrileña supo que su futuro estaba en la escritura. Narrar y contar historias forma parte de su vida ya desde antes de que se presentara al premio Jordi Sierra i Fabra en 2010. Si bien en aquella ocasión no fue premiada, apuntaba ya claramente maneras, puesto que su obra estuvo seleccionada entre las treinta mejores de las presentadas. En cada edición Alba daba un paso más seguro en el camino que la llevaba, como así fue, a conseguir este galardón en 2012.

La historia de Luis, un chico normal de diecisiete años, integrado en su grupo y feliz podría ser la de cualquier estudiante de bachillerato. Según transcurre la narración, el joven sufre una transformación proporcional al sufrimiento y al rechazo de su, hasta entonces, perfecto mundo. La temática de la novela puede que no sorprenda hoy a nadie. Vivimos en la sociedad de la información en la que las nuevas tecnologías forman parte de nuestro presente. Ciberacoso o *ciberbullying* son palabras que cada vez suenan con más fuerza en los medios. Al mismo tiempo, las redes sociales han adquirido no solo protagonismo, sino un poder que en ocasiones es difícil de controlar. Lo que sí sorprende es el novedoso enfoque que Quintas le da tanto a la estructura de su obra como al tratamiento de los personajes. Cada uno de los siete capítulos que conforman el libro presenta a uno de los personajes implicados en la trama: desde el acosado, pasando por los testigos, hasta el acosador.

¿Quién es el verdadero culpable? ¿El acosador o los que no frenan el daño que se le hace al acosado? ¿O puede ser que el que recibe el rechazo de casi todos tenga algo de culpa? Cada uno de los personajes presenta su visión de los hechos y el grado de culpabilidad que ellos mismos se acreditan. Prejuzgar desde fuera sin conocer el trasfondo de sus propias historias puede ser peligroso. A través de los personajes vamos desenmarañando la trama. Son ellos mismos los que arrojan luz sobre el porqué de lo que le pasa a Luis y de sus propios actos. ¿Culpables o víctimas? La presión del grupo, los miedos del pasado y del presente, los límites de la amistad, el pánico a ser diferente o a estar solo... y casi todo a través de una pantalla de ordenador.

Esta joven madrileña huye de los tópicos creando personajes creíbles, auténticos y muy reales. Consigue que el lector empatice con cada uno de ellos y comprenda sus razones para reaccionar como lo hacen. Alba sabe llegar al lector con su lenguaje coloquial y fresco, con guiños literarios y musicales. Refleja con maestría mediante un estilo directo los nuevos peligros a los que no solo los adolescentes se enfrentan, sino todo aquel que osa cruzar la frontera entre el bien y el mal.

Al otro lado de la pantalla engancha, da giros inesperados y al final deja un muy buen sabor de boca. Todos los ingredientes necesarios para disfrutar de un buen libro de este género.

Silvia Vega Ordóñez

I

Mi nombre es Juan Carlos. Yo soy el que empezó todo, sin conocer las consecuencias que conllevarían mis actos.

Si empezara a contaros mi historia hablaría de mi nacimiento, mi infancia, quizá de mi familia. Pero aquí no voy a explicar cosas acerca de mi vida, sino que quiero narrar todo lo sucedido con mi amigo Luis, algo de lo que jamás dejaré de arrepentirme. Luis, siempre Luis. Él era mi mejor amigo de toda la vida, o al menos desde que su familia se mudó al piso de al lado y empezamos a conocernos. Digo conocernos, pero no sé si puedo usar esa palabra al hablar de niños de tres años.

Cuando eres tan pequeño no te importa la personalidad del otro, sino si te lo pasas bien con él. Y Luis y yo desde luego que nos divertíamos.

Tengo muchos recuerdos de aquella época, como las horas que nos pasamos en el Parque del Retiro aprendiendo a montar en bicicleta o cuando nos encontramos un gato callejero al lado de nuestro portal y decidimos esconderlo en mi casa. ¡Menuda bronca de mi madre me gané aquella vez! El «lindo gatito» se dedicó a destrozar los cojines, las cortinas y la colcha de mi habitación, convirtiéndolos en harapos. Al final, mi padre le regaló el gato a uno de sus compañeros de trabajo que tenía una casa en el campo. Y a pesar de lo mal que me lo había hecho pasar, el día que tuve que despedirme de aquel gato lloré mucho. Siempre he tenido debilidad por los animales.

---

3 **conllevar** suponer, tener – 5 **la infancia** tiempo en el que se es niño – 6 **narrar** contar – 8 **arrepentirse de uc** bereuen – 9 **mudarse** cambiar de casa – 16 **El Parque del Retiro** parque del centro de Madrid – 18 **callejero** que vive en la calle, sin dueño – 18 **un portal** puerta principal de un edificio – 18 **esconder** guardar uc para no ser visto – 19 **menudo** *interj* Vaya – 19 **una bronca** discusión ruidosa – 19 **ganar** *aquí:* recibir – 20 **dedicarse a** usar, emplear el tiempo en uc – 20 **destrozar** romper uc completamente – 20 **un cojín** Kissen – 20 **una cortina** tela que tapa las ventanas (Vorhang) – 21 **una colcha** Tagesdecke – 21 **convertir** transformar, cambiar uc en otra cosa – 21 **un harapo** pedazo de tela roto (Lumpen) – 23 **a pesar de** aunque – 23 *hacer* **pasar mal** sufrir – 25 **la debilidad** *aquí:* afecto (Zuneigung)

Pero todo eso pasó, seguimos creciendo y, años más tarde, empezamos los dos juntos el colegio, en el mismo centro, curso e incluso clase. Conocimos a otra gente e hicimos muchos amigos, pero ni con esas nos separábamos; más bien
5 al contrario, nuestra amistad se hizo más fuerte. Confiábamos plenamente el uno en el otro y siempre nos apoyábamos en los momentos de crisis. Tampoco necesitábamos mucho consuelo, porque hay que reconocer que, hasta que eso ocurrió, nuestra vida en el centro fue bastante sencilla. Éramos
10 buenos estudiantes, siempre de los primeros del curso y bastante populares entre nuestros compañeros. Había varias chicas detrás de Luis que decían que era guapo. Yo intentaba mantenerme al margen de esos asuntos, porque en aquella época era muy tímido, pero mi mejor amigo siempre me
15 acababa metiendo en alguno de sus líos. Como en el de la cita por chat. Él llevaba un mes hablando por el ordenador con una chica, y cuando quedaron para conocerse cara a cara, me obligó a ir a la cita en su lugar para que me «soltara de una vez», según sus propias palabras. Creo que lo pillaréis si digo
20 que el tiro le salió por la culata.

Bien. No me he tirado este rollo autobiográfico para que os entren ganas de dormir ya desde el principio, sino para que entendáis que yo no lo hice aposta. Jamás le habría deseado nada malo a Luis, y mucho menos lo que le pasó, que supera
25 ampliamente la barrera de lo malo. Si lo hubiera sabido, os lo juro, yo nunca… Pero será mejor que empecemos por el

---

1 **crecer** hacerse mayores – 3 **incluso** además también – 4 **ni con esas** ni así, a pesar de uc – 5 **confiar en up** jmdm vertrauen – 6 **plenamente** totalmente – 6 **apoyar a up** ayudar – 8 **el consuelo** Trost – 8 **reconocer** admitir (zugeben) – 9 **sencillo** fácil – 12 *estar detrás de up* sentir atracción por up – 13 **mantenerse al margen de uc** quedar fuera de uc – 13 **un asunto** sucesos, relación amorosa – 15 **meter en un lío a up** causarle molestias o problemas a up – 15 **una cita** encuentro – 17 **cara a cara** en persona, directamente – 18 **obligar** no dejar elección (zwingen) – 18 **soltarse** empezar a hacer uc – 18 **de una vez** por fin – 19 **pillar uc** *coloq* comprender, entender – 20 **salir el tiro por la culata** *loc coloq* conseguir lo contrario a lo que se desea – 21 **tirarse el rollo** *Esp loc coloq* hablar mucho – 22 **entrar ganas de uc** empezar a tener ganas – 23 **aposta** *Esp* con intención, queriendo – 24 **superar** sobrepasar – 25 **ampliamente** con mucho, abundantemente – 25 **una barrera** *aquí:* frontera, límite – 26 **jurar** schwören

primero de los episodios de esta historia fatídica, que ocurrió en el mes de noviembre. Acabábamos de cumplir diecisiete años, íbamos a segundo de Bachillerato y, como tantos de nuestra misma edad, teníamos ganas de comernos el mundo.

5 Sí, lo mejor será comenzar con aquella conversación.

—Juan Carlos, hola, bienvenido. ¿Sigues en nuestro planeta?

Aquella llamada de atención me hizo volver de mis pensamientos a la cruda realidad. Mientras Luis, desde el pupitre de enfrente, agitaba una mano delante de mis narices 10 para llamar mi atención.

—Estoy contigo —le dije mientras me estiraba haciendo crujir los huesos de mi espalda.

—¿Qué pasa, tan aburrida te ha parecido la clase? Ha habido un par de veces que pensaba que te habías quedado dormido.

15 —Y seguramente lo habré hecho. No soporto la Historia.

—Como casi todos los de aquí —afirmó él—. Por algo somos del tecnológico; se supone que nuestro fuerte son los números.

Miró a su alrededor y yo con él. La verdad es que me 20 gustaba aquella clase, me encontraba bien en ella, y no solo por el aula, sino por los que estudiábamos allí. Entonces nos encontrábamos en un intercambio de clase y había bastante animación, sobre todo por Álex y sus amigos, que jugaban a dar toques con el balón de fútbol mientras un grupo de chicas 25 los animaban. Seguramente se llevarían una buena bronca cuando llegara el profesor, pero incluso yo creía que merecía la pena por un buen rato de diversión.

Vi que Luis miraba hacia una de las mesas de la última fila. Supe enseguida lo que estaba pensando.

---

1 **fatídico** muy desgraciado, terrible – 1 **ocurrir** pasar, suceder – 4 **comerse** *el mundo loc* dominar, conquistar – 8 **crudo** *aquí:* duro, difícil – 9 **un pupitre** mesa de una clase – 9 **agitar** mover uc de un lado a otro – 11 **estirarse** mover brazos y piernas después de estar parado un tiempo – 12 **crujir** hacer ruido como al romper uc – 12 **un hueso** Knochen – 15 **soportar** *aquí:* gustar – 16 **afirmar** decir uc con seguridad – 17 **suponerse** pensarse, creer – 22 **un intercambio** tiempo entre clase y clase – 24 **un toque** pase rápido – 26 **merecer la pena** *loc* sich lohnen – 27 **un rato** periodo de tiempo corto – 27 **la diversión** pasatiempo agradable (Spaß) – 28 **una fila** Sitzreihe

—Ni se te ocurra —le advertí.

Él me miró con expresión seria. También me había leído el pensamiento.

—Está sola. Otra vez.

5 —Ella se lo ha buscado, ¿recuerdas? La última vez que intentaste hablarle te insultó delante de toda la clase. No está bien de la cabeza.

Lo que yo dije era cierto. Alicia era un auténtico bicho raro. Había entrado nueva en aquel curso y desde el primer día 10 se había aislado de todos nosotros; y mira que no faltaron intentos o propuestas para integrarla. Era bastante guapa, por no hablar de las notas que sacaba en los exámenes, siempre las más altas, pero se comportaba como una verdadera borde. Aun así, Luis seguía intentando hablar con ella todos los días, a 15 pesar de que Alicia siempre lo dejaba por los suelos con su pico de oro. Aquella vez, cosa rara, acabó cediendo a mis razones.

—Vale, pero solo porque es viernes y no me apetece que me amarguen la tarde —sonrió—. ¿Has pensado en algún plan?

Yo todavía no había ideado nada, pero pude ver cómo a mi 20 amigo le brillaban los ojos.

—Nada de nada, así que te toca a ti elegir.

Él puso la cara que ponía siempre cuando algo le salía como quería.

—Entonces... —dijo con voz teatral—. Vamos al botellón 25 que hay en el parque.

En ese momento entendí por qué me había preguntado.

—Joder, Luis, ya estamos. Ni hablar. Todo menos...

---

1 **ni se te ocurra** ni lo pienses – 1 **advertir** avisar – 6 **insultar** beschimpfen – 8 **un bicho raro** up diferente a la mayoría – 10 **aislarse de uc o up** no tener contacto con – 11 **una propuesta** sugerencia, proposición – 13 **comportarse** actuar – 13 **un/una borde** *coloq* antipático, desagradable – 14 **aun así** sin embago – 15 **dejar por los suelos a up** *loc* jmdn durch den Schmutz ziehen – 15 *tener* **un pico de oro** *irón loc* lockeres Mundwerk haben – 16 **ceder** aceptar, dejar de oponerse – 16 **una razón** argumento – 18 **amargar** vermiesen – 19 **idear** pensar, planear – 20 **brillar** strahlen – 21 **tocar** ser el siguiente en uc – 24 **un botellón** *coloq* reunión en un lugar público para beber alcohol – 27 **joder** *interj coloq* expresa enfado – 27 **ya estamos** *otra vez loc* siempre lo mismo

—Esa boca, Juan Carlos —me interrumpió, intentando hacer una imitación de una madre enfadada—. No seas siempre tan aguafiestas, que solo es por esta tarde.

—Sabes que odio los botellones. Y el alcohol en general. Me
5 gusta ser consciente de lo que hago.

—¿Y quién te obliga a beber?

En ese momento no pude contener una risotada de desprecio.

—¿Todos? Ni que fueras nuevo, Luis. Si vas a un botellón y
10 no bebes eres el pringado de turno, y lo sabes bien.

Además, odio ver a los demás haciendo el gili... lo que sea, mientras que yo sigo igual de responsable. Me niego a ir, es mi última palabra.

—¿Ni siquiera si te lo pido por favor? —me dijo, haciendo un
15 intento de poner ojitos de cordero degollado.

Por desgracia, nos interrumpieron en aquel momento.

—¡Luis! —era Estrella, la novia de Álex, que nos hablaba desde la pizarra—.Vienes esta tarde, ¿no? ¿Y tú, Juan Carlos?

—Yo voy seguro —le contestó mi amigo—. Estoy intentado
20 convencer a este, que últimamente parece que está haciendo la carrera de cura.

—Pero venga, anímate, que vamos a estar todos, incluso los de letras.

Ahí fue cuando, sin saberlo, Estrella dio con la única razón
25 que me podía hacer ir a un estúpido botellón.

—Los de letras... Natalia... —me susurró Luis con voz maliciosa al oído.

---

1 **interrumpir** cortar, no dejar terminar de hablar – 3 **un aguafiestas** *coloq* up que interrumpe la diversión (Spielverderber) – 5 **ser consciente de uc** saber lo que se hace – 7 **contener** controlar, soltar – 7 **una risotada** risa fuerte y ruidosa – 8 **el desprecio** *rechazo* (Zurückweisung) – 10 **un pringado de turno** *Esp coloq* up que sufre el rechazo de los otros – 11 *hacer* **el gilipollas** *Esp coloq vulg* tonterías – 12 **negarse** no querer hacer uc – 14 **ni siquiera** tampoco (noch nicht einmal) – 15 **poner ojitos de cordero degollado** *loc* mirar con cara de pena – 20 **convencer a up** hacer que up haga o piense lo que queremos – 21 **un cura** sacerdote – 23 **de letras** opción de bachillerato, ≠ de ciencias – 26 **susurrar** hablar en voz muy baja – 27 **malicioso** con mala intención

Yo suspiré y le di una patada en la espinilla por debajo de la mesa para que se callara. Levanté el pulgar en dirección a Estrella.

—Puedes contar conmigo —acepté.

5 Ojalá no lo hubiera hecho.

Lo primero que pensé nada más llegar al parque fue que debería haberme quedado en casa. Pero, como siempre, Luis había acabado metiéndome en una de las suyas.

Botellón. Lo odiaba. Era ese acontecimiento que se daba 10 todas las tardes de viernes y sábado en parques, calles y plazas de Madrid (digo Madrid porque es la ciudad en la que vivo, pero puede extenderse a todas las demás), y que yo me las había apañado hasta entonces para evitar. Sin embargo, la insistencia de mi mejor amigo y de Estrella, y el saber que 15 allí podría encontrarme con Natalia, me hicieron caer en la tentación aquella vez.

Cuando Luis y yo llegamos al lugar en el que habíamos quedado con los demás, vimos que Estrella tenía razón. Allí estaba todo el mundo; de hecho, a la mitad ni los conocía, y a 20 muchos ya se les empezaba a notar el efecto de la bebida.

Los gritos y las risas descontroladas cada vez se oían más y más alto.

Mi amigo me dio un codazo y señaló un rincón del césped en el que estaban sentados los del grupo de la clase de letras.

25 —Está allí. Hoy sí que hablarás con ella, ¿verdad? Noté cómo el estómago subía hasta mi garganta.

—Creo que necesitaré beber un poco antes, porque si no, empezaré a tartamudear.

Luis asintió con gesto comprensivo.

---

1 **suspirar** respirar fuertemente para mostrar *p ej* resignación – 1 **una patada** golpe con el pie – 1 **una espinilla** Schienbein – 2 **callarse** ≠ hablar – 2 **un pulgar** dedo gordo – 6 **nada más** tan pronto como – 9 **un acontecimiento** hecho, suceso, evento importante – 12 **extenderse** ausbreiten – 13 **apañarse** *coloq* solucionar uc con dificultad – 13 **evitar** vermeiden – 14 **la insistencia** repetición frecuente de uc – 20 **notar** verse, observarse – 23 **un codazo** golpe con el *codo* (Ellenbogen) – 23 **un rincón** lugar apartado – 23 **el césped** campo (Rasen) – 28 **tartamudear** hablar entrecortadamente repitiendo las sílabas (stottern) – 29 **asentir** afirmar con la cabeza – 29 **comprensivo** → comprender

—Por ahí están los de nuestra clase. Vamos a ver lo que han comprado, ¿de acuerdo?

Nos acercamos al lugar en el que Álex, Estrella y todos los demás de nuestra clase estaban sentados con un montón de botellas a su lado.

—¡Hombre, si han venido las monjas! —gritó Álex en cuanto nos vio.

Era un tipo en el que no confiaba demasiado. Repetidor, mal estudiante, el típico que tiene más de mil amigos en Tuenti y Facebook y que conoce a toda la ciudad. Sin embargo, siempre me había dado la sensación de que ni Luis ni yo le caíamos demasiado bien; pero si querías ser aceptado en el colegio, no podías ignorar a Álex. Una de esas ironías del mundo de los adolescentes contra el que cada día me entraban más ganas de rebelarme. Pero todos los humanos, tarde o temprano, nos acabábamos rindiendo ante la sociedad, porque, si no, esta se encargaba de aplastarte. Menos mal que solo me quedaba un año para la universidad. Cuando llegamos a la altura de nuestros compañeros, nos sentamos en uno de los bancos y saludamos a todo el grupo.

—El próximo día nos decís cuánto os debemos por esto, ¿vale? —dijo Luis señalando las botellas.

—Vale, pero podéis coger lo que queráis —asintió Álex—. Que hasta los empollones como vosotros necesitan un trago de vez en cuando.

Hacía ya bastante tiempo que me había dado cuenta de que Luis era bastante malo juzgando los sentimientos de las personas. Por ejemplo, no se daba cuenta de que a Álex no le gustábamos, aunque algunos comentarios suyos lo dejaban bien claro. Creo que para entender a ese repetidor solo hace

---

3 **acercarse** ponerse cerca – 6 **una monja** Nonne – 8 **un repetidor** up que hace uc otra vez *aquí:* el curso escolar – 11 **caer bien a up** ser simpático a up – 16 **rendirse** ceder, capitular – 16 **ante** delante de – 17 **encargarse de uc** tener como tarea uc – 17 **aplastar** pisar, destruir – 18 **a la altura** *loc* cerca de, al mismo nivel – 24 **un empollón** *Esp coloq despect* up que estudia mucho (Streber) – 24 **un trago** Schluck – 25 **de vez en cuando** *loc* algunas veces – 26 **darse cuenta de uc** notar – 27 **juzgar** tener una opinión sobre uc o up – 30 **hacer falta uc** ser necesario

falta que os diga que su frase favorita es aquella de Harry Potter que dice: «Juro solemnemente que mis intenciones no son buenas». No parecía un tipo que leyese mucho, así que no sabría dónde la había escuchado, pero la había convertido en 5 suya y la pronunciaba cada vez que estaba tramando algo.

—¿Qué quieres beber?

Mi mejor amigo ya se había agenciado un par de vasos y algunas botellas.

—Lo que menos alcohol lleve —le contesté.

10 Él se encogió de hombros.

—¿Entonces te lo mezclo con coca-cola?

—Sí, y ya sabes, el mínimo de alcohol.

Mi mejor amigo puso los ojos en blanco mientras empezaba a preparar el vaso; por supuesto, solo hizo caso de la mitad de 15 lo que le dije.

—Esto no es beber —protestó.

—No, es asegurarte de que no eres un inconsciente y de que no vas a hacer el ridículo. Además, hace siglos que no bebo; seguro que con olerlo ya se me sube muchísimo.

20 —Está bien —dijo Luis—. Además, tendrás que ser capaz de recordar dónde está tu lengua si quieres hablar con Natalia. Ella sí que es de las que no prueban nada.

—No me lo recuerdes o empezaré a tartamudear como un idiota.

25 —No, no lo harás, porque yo estoy cubriéndote las espaldas.

Y ya dijeron cuatro señores muy sabios que siempre te las apañas con un poco de ayuda de tus amigos, ¿no es así?

---

2 **solemnemente** formalmente, firmemente – 5 **pronunciar** decir – 5 **tramar** pensar, preparar uc malo – 7 **agenciarse** *coloq* conseguir, lograr – 10 **encogerse de hombros** subir los *hombros* (Schulter) para mostrar desconocimiento – 13 **poner los ojos en blanco** *loc* girar los ojos mostrando solo el blanco – 14 **hacer caso** *loc* prestar atención – 17 **asegurarse de uc** tener seguridad sobre uc – 17 **un inconsciente** up loco, up que no piensa mucho las cosas – 18 **hacer el ridículo** *loc* hacer uc que produce *burla* (Hänselei) – 25 **cubrir las espaldas a up** *loc coloq* proteger a up – 26 **sabio** que sabe mucho

Sonreí. No sería yo quien le llevara la contraria a los Beatles, eso estaba claro. Mientras bebía a pequeños sorbos, empecé a tararear: *I get by with a little help from my friends...*

No hizo falta ni que me levantase. Al poco rato de nuestra llegada, fue Natalia la que vino a hablarme por propia voluntad.

La había conocido hacía poco más de un mes, cuando ambos coincidimos en una clase de refuerzo de Inglés. Eran unas clases obligatorias que tenías que dar a lo largo de segundo de Bachillerato, por todo eso de la nueva selectividad, pero ninguno de los dos realmente las necesitaba porque teníamos buen nivel; así que nos sentaron juntos y nos dijeron que podíamos hablar de lo que quisiéramos, siempre y cuando lo hiciéramos en inglés. La verdad era que yo me había fijado en ella cuando pasaba por delante de mí en los pasillos del colegio, porque me había parecido muy guapa, pero realmente no sabía lo que me esperaba en aquella conversación en inglés: una chica distinta con la que uno se reía a carcajadas; esa clase de chica con la que nunca te cansas de hablar. Estuvimos toda la clase sin callarnos y sin que nadie nos interrumpiera, hablando de muchas cosas en aquellos pupitres del fondo del aula.

Aquel día, cuando volví a casa, se lo conté todo a Luis. Y lo primero que me dijo fue: «Tío, tú te has pillado». Recuerdo la frase porque no me había parecido muy poética, pero resumía perfectamente lo que había pasado.

Desde aquel día, no había tenido la oportunidad de hablar con ella y solo le escribía algunos mensajes en Tuenti, a

---

1 **llevar la contraria a up** *loc coloq* decir o hacer lo contrario de lo que up dice, hace o desea – 1 **Los Beatles** grupo musical británico de los años 60 – 2 **un sorbo** trago – 3 **tararear** cantar sin palabras – 3 **I get by with a little help from my friends** *ingl* lo conseguiré con una pequeña ayuda de mis amigos – 5 **por propia voluntad** sin ser obligado – 8 **coincidir con up** estar al mismo tiempo en un lugar – 8 **un refuerzo** ayuda o complemento para uc – 10 **la selectividad** En España, examen al final del bachillerato para estudiar en la universidad – 14 **fijarse en uc o up** prestar atención, notar – 15 **un pasillo** Flur – 18 **a carcajadas** *loc* sin parar de reír – 24 **un tío** *coloq* persona (Kerl, Typ) – 24 **pillarse por up** enamorarse

pesar de que ya no le quitaba los ojos de encima cada vez que coincidíamos. Ella me había pillado mirándola un par de veces y yo siempre intentaba cubrirme bajando la cabeza, completamente avergonzado. Disimular no era lo mío.

5 Todos esos pensamientos y recuerdos pasaron por mi cabeza en aquel botellón cuando vi que se levantaba, se separaba de su grupo y venía en mi dirección. No llevaba ni la mitad de mi vaso bebido, pero aun así lo alejé de mí porque, sinceramente, me sentía ridículo sosteniéndolo.

10 Ignoró a todos los demás y fue a sentarse justo a mi lado. Yo sentía las miradas de los que nos rodeaban clavadas en mí e intenté mantener la compostura.

Me saludó con la alegría pintada por toda la cara. Dios, estaba muy guapa con aquel vestido, mucho más que con los
15 vaqueros que solía llevar al colegio.

—No esperaba encontrarme contigo —dijo despreocupadamente—. Había oído que no te gustaban los botellones.

—Lo mismo digo. Yo tampoco esperaba verte aquí. Desde el
20 otro lado del banco llegó el sonido de una risita ahogada. No me hizo falta mirar para darme cuenta de que a Luis le estaba haciendo efecto lo que fuera que estuviera bebiendo y recé para que mantuviera la boca cerrada.

—¿Puedo preguntarte algo personal?
25 —Claro —respondió.

—¿Por qué no bebes?

---

1 **no quitarle los ojos de encima a up** *loc coloq* no dejar de mirar – 2 **pillar** *aquí:* coger (erwischen) – 3 **cubrirse** taparse, esconderse – 4 **avergonzado** que siente *vergüenza* (Scham) – 4 **disimular** no mostrar lo que se siente o piensa – 6 **separarse** ≠ acercarse – 8 **alejar** ≠ acercar (→ lejos) – 9 **ridículo** *aquí:* como un tonto – 9 **sostener uc** sujetar (halten) – 10 **justo** genau – 11 **rodear** estar alrededor de uc o up – 11 **clavado** fijo, sin moverse – 12 **mantener** continuar, seguir con uc – 12 **la compostura** *aquí:* Haltung – 15 **soler** hacer algo normalmente – 17 **despreocupadamente** sin pensar lo que dice – 20 **ahogado** tapado para que no se oiga – 22 **rezar** pedir uc a Dios

Natalia soltó un suspiro y puso cara de estar un poco abochornada. Incluso se mordió el labio, y yo pensé que aquella expresión era... bueno, mejor dejémoslo.

—Pensarás que soy estúpida, pero siempre, desde pequeña,
5 todo el mundo me decía que yo era muy lista, así que... digamos que ni por un momento quiero perder mi capacidad de razonar y esas cosas. Es lo único que tengo que me hace especial —clavó sus ojos en mí, un poco avergonzada—. Ahora pensarás que soy idiota.

10 —Totalmente. No sé cómo puedes pensar que eso es lo único que merece la pena de ti.

—¡Pero si es verdad! No soy guapa, ni divertida, ni tengo una personalidad especialmente...

Me reí.

15 —Estás diciendo todo eso porque quieres oírme decir que no es verdad, ¿a que sí? —la interrumpí.

Ella sonrió, con una sonrisa de esas que no solo las expresa la boca, sino que brillan por todo el rostro. Entonces fue cuando mis hormonas masculinas de adolescente entraron en acción
20 (creo que las mías solían estar un poco aletargadas, pero, aun así, se hacían notar a veces) y pensé que me moría por besarla. Entre otras cosas que no voy a mencionar aquí.

—Realmente pienso todo lo que he dicho —me respondió ella—. Pero no me importaría oírte negándolo.

25 —Entonces no lo haré. Hasta que tú no lo admitas primero, yo no pienso decir nada.

—Con que esas tenemos, ¿eh? Nos reímos los dos. Ya no me acordaba de por qué había estado tan nervioso; hablar con ella parecía algo natural, como si supiera exactamente qué decir
30 en cada momento. ¿Siempre era así? ¿Le pasaba lo mismo a los demás, o era la personalidad de Natalia la que lo simplificaba

---

1 **un suspiro** → suspirar – 2 **abochornado** avergonzado – 2 **morder** beißen – 2 **un labio** parte exterior de la boca – 7 **razonar** pensar, argumentar – 8 **clavar** fijar, poner la atención en uc – 18 **un rostro** cara – 20 **aletargado** dormido – 22 **mencionar** contar, comentar – 24 **negar uc** decir que uc no es verdad – 27 **con que esas tenemos** expresa sorpresa y enfado (ach, so läuft der Hase)

todo? Allí estaba yo, flotando en mi nube. Hasta que me derribaron de un balazo.

—¿Dónde estabas escondido? —me preguntó Natalia, todavía con la sonrisa en la boca—. Ojalá te hubiera conocido
5 antes. Con lo difícil que es encontrar un chico como tú, con el que sencillamente hablar y ser amigos.

Esa fue la palabra que me hizo descender a la realidad.

¿Amigos?

Creo que en ese momento, Natalia, accidentalmente, hizo
10 que mi autoestima tocara fondo. Yo intenté mantener la sonrisa para que no se notara que me sentía como el mayor tonto de la historia, pero la verdad fue que no hizo falta, porque mi mejor amigo, ese que estaba borracho y que había permanecido durante todo aquel tiempo bebiendo en silencio,
15 decidió entrar en nuestra conversación con el comentario más oportuno que uno pudiera imaginarse.

—¡Ja! ¡ Menudo golpe bajo te han dado, Juan Carlos!

Cuando abrió la boca, me golpeó la oleada a alcohol de su aliento, y la última «s» de «Juan Carlos» duró dos segundos más
20 de lo habitual. Pero eso no consiguió que Natalia dejara de preguntarse por el significado de sus palabras.

—¿A qué se refiere? —me preguntó.

—Verás, resulta que...

—Qué está coladito por ti —me interrumpió Luis—. Pillado.
25 Colgado por tus huesos. Que cada vez que te sonríe solo piensa en cómo te va a...

—Creo que ya lo ha pillado, Luis.

En ese momento, Natalia se levantó y me miró con una expresión... Supongo que la palabra adecuada para definirla
30 sería horrorizada.

—¿Lo dice en serio? ¿Es verdad?

1 **flotar** schweben – 2 **derribar** tirar al suelo – 2 **un balazo** Schuss – 7 **descender** bajar – 10 **la autoestima** valoración de uno mismo – 10 **tocar fondo** *loc* llegar al límite por uc negativa – 13 **borracho** que ha bebido demasiado alcohol – 13 **permanecer** quedarse, no moverse – 16 **oportuno** *irón* adecuado, apropiado (passend) – 18 **una oleada** gran cantidad de uc (→ ola) – 22 **referirse a uc** querer decir – 24 **coladito** *Esp coloq* enamorado – 25 *estar* **colgado por uc** *Esp coloq* enamorado – 30 **horrorizado** lleno de horror, susto

Yo no respondí, porque toda mi facilidad para hablar con ella me había abandonado. Aun así, supo interpretar mi silencio, porque sin volver a dirigirme la palabra se fue de allí lo más rápido que pudo.

5 Miré a mi mejor amigo, mientras ciertos instintos asesinos desconocidos surgían en mi interior. Y menos mal que aparecieron, porque si no mi abatimiento no me hubiera dejado ponerme en pie.

Luis intentó abrir la boca para disculparse, aparentemente 10 consciente del daño que acababa de causar, pero yo no estaba seguro de que se acordara de cómo articular palabras.

—Déjalo —le dije—. Y pásame una botella de lo más fuerte que haya por ahí.

Iba a probar si el típico método de las películas americanas 15 de ahogar las penas con el alcohol era efectivo. Por una vez en la vida, deseaba apagar mis pensamientos.

A partir de ese momento, los recuerdos de aquella tarde dejan de ser claros en mi mente. Sé que bebí muchísimo y que tuve unos altibajos de humor impresionantes; pasé de estar 20 hundido por lo de Natalia a partiéndome de la risa con las tonterías que hacían otros que iban peor que yo.

Además, recuerdo cuando Estrella, que también había bebido demasiado, se me acercó llorando, no recuerdo por qué (seguramente tendría algo que ver con que Álex pasaba de 25 ella), y que yo, en un arrebato de sinceridad, le conté todo lo que me acababa de pasar, y acabamos brindando a la salud de los corazones rotos.

En todas las horas que pasaron, aun en mi inconsciencia, intenté evitar a Luis todo lo que puede, porque aunque yo

---

2 **abandonar** dejar solo, irse – 3 **dirigir la palabra a up** *loc* hablar con up – 5 **cierto** + *sustantivo* expresa uc no concreto, indeterminado – 5 **el instinto asesino** ganas de matar – 6 **surgir** salir – 7 **el abatimiento** desánimo – 9 **aparentemente** por lo visto (offensichtlich) – 10 **un daño** mal (Schaden) – 15 **ahogar** *aquí:* olvidar – 15 **una pena** tristeza – 18 **la mente** cabeza, pensamiento – 19 **un altibajo** cambios extremos de humor – 19 **impresionante** increíble, *aquí:* muy grande – 20 **hundido** deprimido – 20 **partirse de risa** reírse mucho – 24 **tener uc que ver** tener relación – 25 **un arrebato** ataque, reacción sin reflaxionar – 26 **brindar** anstoßen – 26 **a la salud** en honor a

estaba igual que él, ver a mi mejor amigo tan borracho, tan desconocido, hacía que me sintiera fatal. Y después de lo que había ocurrido con Natalia, lo único que me apetecía era gritarle con toda la fuerza de mis pulmones, pero, a la vez,
5 eso me asustaba, porque Luis y yo éramos como Batman y Robin, como Merry y Pippin, como Luke y Han Solo; nunca discutíamos ni nos fallábamos el uno al otro, y eso era algo que quería conservar a toda costa.

Así que lo evité durante toda la tarde, hasta que fue mi mejor
10 amigo el que se puso delante de mis ojos de tal forma que no tuve más remedio que centrar toda mi atención en él.

Eran casi las once de la noche, nosotros ya nos teníamos que ir a casa y, en contra de mi voluntad, empecé a buscarlo. Por suerte, los efectos del alcohol empezaban a remitir un
15 poco, porque hacía ya un par de horas que había pasado a beber solo refrescos y agua. A pesar de ello, tardé mucho en encontrar a Luis. Cuando por fin lo vi, entendí por qué. Estaba tirado, dormido en un rincón detrás de un banco, pero no por eso no lo había localizado, sino porque estaba irreconocible.
20 Siempre he pensado que de todas las etapas por las que pasa el ser humano, es en la adolescencia cuando puede llegar a ser más cruel. Supongo que ocurre así porque también nos volvemos más vulnerables, todo nos afecta y, a veces, está en nuestro instinto hacerles cosas horribles a los demás solo para
25 asegurarnos que no nos las harán a nosotros. Un adolescente es capaz de arremeter contra las debilidades de los demás sin sentir remordimientos, sin pensar en lo que puede durar y cómo de grande puede llegar a ser la huella que esos actos

---

3 **apetecer** tener ganas de uc – 4 **un pulmón** Lunge – 5 **asustarse de uc** tener miedo de uc – 6 **Robin** joven superhéroe, pareja de Batman – 6 **Merry y Pippin** personajes muy amigos del Señor de los Anillos – 6 **Luke y Han Solo** personajes de la Guerra de las Galaxias – 7 **fallar a up** no actuar con up como se espera, ǂ apoyar – 8 **a toda costa** sea como sea, no importa como – 10 **no tener más remedio** loc tener que hacer uc – 13 **en contra de mi voluntad** sin quererlo – 14 **remitir** disminuir – 16 **un refresco** bebida fría – 18 **tirado** echado, abandonado – 19 **irreconocible** → conocer – 22 **cruel** muy malo – 23 **vulnerable** débil, que se le puede hacer daño – 23 **afectar** betreffen – 26 **arremeter** atacar, ir en contra de up – 27 **un remordimiento** sentimiento de culpa – 28 **una huella** marca (Spur)

dejan. Y el estado en el que Luis estaba en aquel momento era una prueba irrefutable de ello. La cara pintada con rotulador, le habían quitado la camiseta y escrito en su torso los insultos más crueles que había visto... La boca tapada y las piernas
5 unidas con cinta aislante (uno de esos objetos que siempre alguien, sorprendentemente, acaba teniendo y que aparece en los momentos más inesperados). Y se habían llevado sus zapatillas, esas que valían más que toda mi ropa junta.

Empecé a quitarle la cinta y me despojé de mi sudadera
10 para ponérsela a él. Pero entonces... Bueno, digamos que no estoy muy orgulloso de lo que sentí en aquel momento, ni de lo que hice. Fue una nueva oleada de rencor y aversión contra mi mejor amigo la que hizo que sacara la cámara de fotos y pulsara varias veces el botón de disparo.

15 Solo lo hice porque quería que lo pasara mal viendo el estado en el que lo había dejado el alcohol y que se avergonzara de sí mismo, ¡lo juro! Pero entonces oí una voz a mis espaldas y, como casi siempre que las voces suenan detrás de las personas, se complicó todo.

20 —Realmente hay gente que no se sabe controlar.

Me di la vuelta y vi a Álex mirando a Luis con una expresión indescifrable.

Sé que lo primero que pensé fue que cómo era posible que estuviera totalmente sobrio, como parecía estarlo, cuando yo
25 lo había visto beber vasos y vasos de todas las combinaciones posibles. Pero, aunque ya se me había bajado la mayor parte de la borrachera, todavía no pensaba con toda la claridad que hubiera necesitado para leer las intenciones de Álex, que distaban mucho de ser inocentes.

2 **irrefutable** que no se puede negar – 2 **un rotulador** *Esp* marcador (Filzstift) – 5 **la cinta aislante** Isolierband – 9 **despojarse de uc** quitarse uc, *aquí:* desvestirse – 9 **una sudadera** jersey o chaqueta deportivos, a veces, con capucha – 12 **el rencor** Groll – 12 **la aversión** rechazo a uc o up – 14 **pulsar** tocar con fuerza – 14 **un botón** pieza pequeña y redonda (Knopf) – 14 **un disparo** Schuss *aquí:* Auslöser – 16 **avergonzarse** sentir vergüenza – 17 **a mis espaldas** detrás – 21 **darse la vuelta** girarse – 22 **indescifrable** incomprensible, que no se sabe lo que piensa – 24 **sobrio** ≠ borracho – 27 **una borrachera** estado producido por el alcohol – 29 **distar** estar lejos de uc – 29 **inocente** ≠ *culpable* (schuldig)

Ni siquiera aquella mirada fría y calculadora, mucho más inteligente de lo que solía mostrarse habitualmente, me dio una pista.

—Vaya, ¿tienes una cámara? ¿Has estado haciendo fotos de
5 esta tarde? —me preguntó.

—Sí, aunque no he podido sacar muchas. Solo de los de clase.

—¿Me la podrías dejar? Te prometo que te la devuelvo el lunes. Es que intento conseguir todas las fotos posibles de este
10 año y así hacer un álbum para la graduación.

—Está bien —le respondí pasándole la tarjeta de memoria de la cámara—. Pero no cuelgues ninguna sin mi permiso, que luego se enfadan.

—Tranquilo, que todavía no voy a subir nada a Tuenti.
15 ¡Nos vemos el lunes!

Y así se despidió, mientras yo volvía a la tarea de ayudar a mi mejor amigo. La promesa de Álex de que no iba a colgar nada me había dejado tranquilo, porque realmente me sentía culpable de haberle sacado aquellas fotos a Luis en un estado
20 tan lamentable. Pero, si solo las veía Álex, no pasaba nada.

Sí, lo sé. ¡Inocente!

El sábado me desperté ya muy entrada la mañana. Por suerte, aquel fin de semana no estaban mis padres, ni tenía mucho que estudiar, así que cogí un par de bollos y un poco
25 de café (odio su sabor, pero necesitaba algo de cafeína) y me senté delante de la pantalla del ordenador.

Quería entrar lo antes posible en mi perfil para ver si a Natalia se le había pasado ya el enfado y me había dejado algún mensaje como solía hacer. No fue el caso, pero sí que
30 hubo algo que me puso nervioso. La página me dijo que me habían etiquetado en dos fotos nuevas, así que pinché ahí.

---

3 **una pista** idea, señal – 8 **devolver uc** dar uc a quien lo tenía antes – 10 **una graduación** fin de un grado escolar – 11 **una tarjeta de memoria** Speicherkarte – 12 **colgar** *aquí:* poner (stellen) – 14 **subir** hochladen – 20 **lamentable** penoso – 22 **entrada** *la mañana* tarde, al final de la mañana – 24 **un bollo** panecillo

Creo que en mi interior ya supe qué era aquello mucho antes de que terminara de cargar y lo pudiera ver. Cuando lo hice y descubrí que Álex había subido las fotos, y que toda la clase estaba etiquetada, y empecé a leer los comentarios
5 despiadados que le estaban dedicando a Luis... deseé que la tierra nos tragara a los dos.

Pero, por desgracia, con mi inocencia, yo solo había comenzado lo que se convertiría en la peor de las pesadillas para mi mejor amigo.

2 **cargar** laden – 3 **descubrir** saber, conocer uc por primera vez – 5 **despiadado** cruel, sin piedad – 6 **tragarse la tierra a up** *loc coloq* desaparecer – 7 **la inocencia** → inocente – 8 **una pesadilla** mal sueño

II

Mi nombre es Estrella. Yo soy la que siempre supo lo que estaba pasando y, aun así, por lo que yo creía que era amor, no hice nada para pararlo.

5 Estoy segura de que conocéis la historia de Caperucita Roja y el Lobo. Si os soy sincera, era el único cuento que se sabía mi padre y me lo contaba todas las noches cuando era pequeña. Siempre el mismo final, ¿verdad? Aparece el cazador, consigue sacar a Caperucita y a la abuelita del vientre del lobo 10 y vivieron felices y comieron perdices (¿por qué perdices? El sushi está mucho mejor). Lo que quiero decir es que ese final es falso. Mentira. Un auténtico timo. Cuando estaba en sexto de Primaria, una profesora contó que en realidad el cuento acababa cuando el lobo se comía a la abuelita y a Caperucita, 15 y que la parte del cazador era inventada, pensada para no traumatizar a los niños, supongo. Vamos, que al final las dos mueren y el lobo es el único que acaba feliz y comiendo algo. Toda la clase estaba en *shock* mientras escuchaba a la profesora, menos yo. Adoraba el nuevo final, siempre había 20 sido una niña muy realista. Porque seamos serios: en la vida real no ganan las caperucitas, ni aparece ningún cazador para salvarnos. En la vida real ganan los lobos.

Cuando empezó a ocurrir aquello, yo solía recordar a menudo ese cuento. No creáis que el hecho de que lo 25 extrapolara a mi vida me hizo cambiar de actitud: en esta ocasión también fui con el lobo y dejé a su carnaza, Luis, completamente desprotegida, a pesar de que antes de que comenzara todo habíamos sido amigos. Aprendí muchas cosas

---

5 **Caperucita Roja** cuento infantil (Rotkäppchen) – 6 **un lobo** Wolf – 8 **un cazador** Jäger – 9 **un vientre** barriga – 10 **vivieron felices y comieron perdices** und wenn sie nicht gestorben sind… – 10 **una perdiz** Rebhuhn – 12 **un timo** engaño, mentira – 13 **Primaria** primer ciclo escolar – 15 **inventado** imaginado, falso – 19 **adorar** gustar mucho – 22 **salvar** librar del peligro – 24 **a menudo** frecuentemente – 25 **extrapolar** sacar de contexto – 26 **una ocasión** momento – 26 **una carnaza** *aquí:* víctima inocente – 27 **desprotegido** sin protección

en aquel periodo. Conocí lo que es estar tan ciega de amor que no te das cuenta de las maldades de esa persona por la que harías cualquier cosa. Pero Álex no fue el único culpable en todo esto. Sé que en aquel entonces yo era una adolescente
5 inconsciente, pero... eso no me quita mi parte de culpa.

El curso estaba a punto de acabar y habían pasado meses desde las primeras fotos que habían aparecido de Luis en aquel botellón, desde que empezaran los insultos y las amenazas a través de Tuenti, el e-mail e incluso llamadas y mensajes en
10 el móvil. Por suerte, todavía no le habían hecho nada más serio, como acosarle físicamente, supongo que porque la mayoría era demasiado cobarde, pero a través de una pantalla también se puede hacer mucho daño. En aquel momento yo me encontraba en casa de Álex, mi novio. Era una tarde
15 de domingo de marzo, llovía y, por supuesto, no teníamos ni idea de qué hacer, así que nos habíamos refugiado en el salón. Álex y sus dos mejores amigos, Gabi y Mario, estaban jugando con su videoconsola a no sé qué juego (lo siento, no soy muy aficionada a los videojuegos) y yo, mientras, andaba
20 mirando algunas cosas en internet: fotos que habían colgado en Tuenti, o en Facebook, algunos compañeros del colegio y vídeos graciosos que me habían pasado mis amigos, si es que se puede llamar amigos a gente con la que solo te relacionas a través de un ordenador.
25 Mientras esperaba a que cargara uno de los vídeos, miré a mi novio distraídamente. Él, al sentirse observado, se giró y me guiñó un ojo. Así, concentrado en un videojuego, mientras charlaba y reía animadamente con sus amigos, parecía hasta inocente.
30 Pero yo sabía que nada más alejado de la realidad. Álex era de aquellos que me gustaban a mí, de los malos de la película,

---

1 **ciego** *fig* que no ve *aquí:* la realidad – 2 **una maldad** mala acción – 5 **quitar** eliminar – 5 **una culpa** ≠ inocencia, → culpable – 6 **a punto de** casi – 8 **una amenaza** palabras que avisan que uc mala puede pasar – 11 **acosar a up** molestar, *perseguir* (verfolgen) – 12 **cobarde** ≠ valiente – 16 **refugiarse** esconderse, protegerse – 19 **andar** + *gerundio perífr* estar+ *gerundio* – 23 **relacionarse** tener contacto con up – 26 **distraídamente** sin fijarse, sin prestar atención – 27 **guiñar un ojo** zwinkern

uno cuya fama de repetidor y liante descerebrado no era más que una fachada que él mismo se había construido. Yo había sido su amiga desde hacía muchos años y creía que era una de las pocas personas que veían que aquel chico tenía otro lado.
5 Aunque no le gustaba hablar de eso, ni siquiera después de que yo consiguiera reunir el año anterior el valor suficiente para pedirle salir y de que él, para mi sorpresa, aceptara. No era el mejor novio del mundo, pero aun así yo lo quería, porque, en cierta medida, era peligroso y emocionante estar con él,
10 encajaba perfectamente con el perfil de villano que a mí me gustaba.

—¿Cómo vais? —les pregunté a los chicos despreocupadamente.

—Los estoy machacando —respondió Álex—. Tanto, que
15 empieza a ser increíblemente aburrido jugar contra ellos. Y con esa respuesta paró el juego. No había nada que Álex odiara más que el aburrimiento. Sus dos amigos lo miraron y, al igual que yo, tenían una expresión expectante en sus rostros. Cada vez que él decía «me aburro», empezaba a poner el mundo
20 patas arriba.

Se levantó y se acercó a mí, pegando su mejilla contra la mía para ver qué estaba haciendo en internet. Me estremecí levemente al sentir varios de los *piercings* que recorrían su oreja contra mi piel.
25 —¿Qué andabas mirando? —me preguntó.

—Ya sabes, lo de siempre. Tuenti, Facebook, el correo, algunas páginas de cotilleo de los famosos y el blog de mi primo, aunque el pobre casi no tiene visitas.

---

1 **la fama** → famoso – 1 **liante** *Esp* up que causa problemas – 1 **descerebrado** poco inteligente – 6 **reunir el valor** tener el coraje – 7 **salir con** up *coloq* tener una relación sentimental – 9 **en cierta medida** de alguna manera – 9 **emocionante** apasionante, excitante (→ emoción) – 10 **encajar** coincidir zusammenpassen – 10 **un villano** up con mucha maldad – 14 **machacar** destrozar *aquí:* ganar con mucha ventaja – 18 **expectante** intrigado, a la espera (gespannt) – 19 **poner uc patas arriba** *loc* etwas auf den Kopf stellen – 21 **pegar** *aquí:* poner muy cerca dos cosas – 21 **una mejilla** Wange – 22 **estremecerse** *temblar* (zittern), sentir alteración en el ánimo – 23 **levemente** un poco – 23 **recorrer** ir de un lugar a otro – 27 **un cotilleo** *Esp* Klatsch

—¿Algo interesante?

—Nada, tan solo los de siempre que cuelgan un millón de fotos suyas, como si a los demás nos importara algo lo que hacen en cada momento...

5 —Y tú te las tragas todas, reconócelo.

—Me gusta estar informada de lo que... Espera, ¿se puede saber qué haces?

Álex acababa de pinchar en el perfil de Luis y estaba revisando todas sus novedades.

10 —No le irás a escribir uno de tus comentarios desde mi cuenta, ¿verdad? —pregunté.

Él dejó de prestarle atención a la pantalla y me miró.

—¿Y cómo se supone que son mis comentarios?

Su voz tenía un ligero tono amenazante. Lamenté mi pésima 15 elección de palabras. No era que le tuviera miedo, porque lo conocía desde hacía demasiado tiempo como para eso, pero era mejor no jugársela con él.

—Tú ya me entiendes, los que usas para ponerle en su sitio y que no se lo crea demasiado.

20 —Sí, la verdad es que necesita que alguien le baje un poco los humos —me apoyó Gabi—. ¿Visteis cómo le hacía la pelota a la de Física cuando se ofrecía para resolver todos los problemas en la pizarra?

—«Señorita, señorita...».

25 —«¡Póngame más problemas, que yo los haré todos!».

Álex no dijo nada durante la pobre imitación de sus amigos, solo esbozó una tenue sonrisa.

—Para este mundo es peor parecer inteligente que serlo realmente, ¿eh? —musitó en un tono apenas audible.

30 —¿Qué decías, tío?

5 **tragarse uc** *aquí:* mirar – 8 **pinchar** hacer clic – 9 **revisar** comprobar, mirar otra vez – 9 **una novedad** uc nueva – 14 **amenazante** → amenaza – 14 **lamentar** arrepentirse – 14 **pésimo** muy malo – 17 **jugársela con up** *loc* arriesgar – 18 **poner a up en su sitio** *loc* jmdn in seine Schranken weisen – 20 **bajar los humos a up** *loc coloq* jmdm einen Dämpfer versetzen – 21 **hacer la pelota a up** *Esp loc coloq* jmdm sehr schmeicheln – 22 **resolver** solucionar – 27 **esbozar** insinuar, mostrar levemente un gesto (andeuten) – 27 **tenue** suave, que casi no se ve – 29 **musitar** susurrar, hablar muy bajo – 29 **apenas** casi no

—Nada, nada —respondió. Yo le había oído perfectamente, pero aun así no dije nada. Me había dado la impresión de que con aquella frase se refería más a sí mismo que al pobre Luis.

—¿Queríais mirar algo en el ordenador? —pregunté para
5   cambiar de tema.

—No te preocupes, pequeña, puedes acabar lo que estuvieras haciendo —dijo Álex—. Mario, ¿me dejas tu móvil?

—¿Qué pasa, es que el tuyo no tiene batería?

—No, es que yo no tengo guardado el número de Luis en la
10 agenda.

En el momento en el que pronunció aquellas palabras, quise irme de aquella casa. Álex iba a empezar otra de sus cacerías contra mi desgraciado compañero, y aquella vez parecía que iba a ser seria. Llevaba más de medio curso así, al igual que
15 el resto de la clase. Las primeras fotografías del botellón solo habían sido el comienzo de una bola de nieve que cada vez se hacía más grande. A través de la pantalla, la mayoría de los acosos eran anónimos, pero con Álex era diferente. Él nunca se ocultaba, siempre dejaba su nombre en sus mensajes, que
20 sin duda eran los más crueles, los más directos, los que más herían. Como si estuviera orgulloso de lo que hacía.

Todavía no sabía por qué odiaba tanto a Luis, pero parecía como si ellos dos tuvieran cuentas pendientes desde hacía bastante tiempo.

25 —¿Qué vas a hacer, Álex? —le preguntó Mario.

Mi novio esbozó una sonrisa, que escondía de todo menos buenos pensamientos, y cogió el móvil que su amigo le tendía. Luego se puso dos dedos en el corazón mientras decía aquella frase que había hecho suya:

30 —Juro solemnemente que mis intenciones no son buenas.

Empezó a teclear un mensaje. Yo me levanté y miré por encima de su hombro para saber qué estaba escribiendo, al

---

2 **dar la impresión** parecer – 6 **preocuparse por uc** sich Sorgen machen – 12 **una cacería** *aquí:* persecución, *acoso* (Bullying/Mobbing) – 13 **desgraciado** pobre, que da pena – 19 **ocultarse** esconderse – 21 **herir** *fig* hacer daño – 21 **orgulloso** satisfecho (stolz) – 23 **tener una cuenta pendiente** *loc* tener que solucionar uc con up – 31 **teclear** tippen

igual que Gabi y Mario, cuyas caras parecían las de dos niños pequeños esperando que su hermano mayor trepe al árbol al que ellos no se atreven a subir. La veneración que profesaban a Álex, esa que les hacía seguirle en todas sus locuras y cumplir sus órdenes (que daba muy a menudo), llegó a darme asco. Pero luego pensé que yo no era mucho mejor. Una chica masoquista perdidamente enamorada de un novio que ni siquiera la trata bien y capaz de hacer cualquier cosa por él.

Yo no era quien para juzgar a sus dos amigos. Juro solemnemente que mis intenciones serán servir a las tuyas, mi amor.

El primer mensaje que escribió me desconcertó un poco.

Ola, Luis, soy Álex. Stoy solo aburrido en mi casa, xk no t vienes?

—¿Se puede saber qué estás tramando?

Mi tono de voz sonó un poco alarmado, pero por suerte él estaba demasiado pendiente de la contestación de Luis como para darse cuenta de ello. Sus ojos tenían el mismo brillo que los de un adicto a la adrenalina a punto de saltar desde un acantilado.

—No te preocupes —me dijo mientras me pasaba distraídamente una mano por el pelo—. Solo voy a darle algo que él quiere.

En ese momento sonó el tono del móvil que indicaba que Luis había contestado. Torpe. No tendría que haberle seguido el rollo, pero yo sabía, y estaba segura de que Álex también, que iba a responder, porque Luis, hiciera lo que hiciera mi novio, siempre que veía una leve esperanza de reconciliarse con él, lo

---

2 **trepar** subir, escalar – 3 **atreverse a** tener valor para hacer uc – 3 **la veneración** adoración (Verehrung) – 3 **profesar** tener, demostrar afecto – 4 **cumplir** hacer lo que se le pide – 5 **dar asco** causar rechazo – 7 **perdidamente** completamente, totalmente – 8 **tratar** *bien* comportarse *bien* con up – 12 **desconcertar** desorientar – 13 **ola** hola – 13 **stoy** estoy – 13 **xk** por qué – 13 **t** te – 17 **pendiente de uc** atento, prestando atención – 18 **un brillo** → brillar – 19 **un adicto** up que necesita up regularmente *p ej* droga – 20 **un acantilado** Steilküste – 24 **indicar** mostrar – 25 **torpe** con poca habilidad – 25 **seguir el rollo a up** *Esp loc coloq* mostrar que se está de acuerdo con up, aunque sea mentira – 28 **reconciliarse** volver a ser amigos

intentaba. Aunque en todas las ocasiones había resultado ser una trampa.

El lobo disfrazado de abuela para devorar a Caperucita.

—¿Qué ha puesto? —preguntó Gabi impaciente.

5 Álex entrecerró sus ojos oscuros, inclinó un poco la cabeza en señal pensativa y nos enseñó el móvil.

No sé si puedo escaparme de casa un domingo por la tarde. ¿Para qué me querías?

—Venga ya, ¿habéis visto cómo escribe? —intervino Mario
10 con sorna—. No se salta una tilde, como un maldito empollón.

Creo que Álex y yo nos giramos hacia él con la misma cara de desprecio.

—¿Ahora te ríes de la gente que hace las cosas como quiere y que no sigue modas que han impuesto imbéciles como tú?

15 Incluso a mí me impresionó el tono de las palabras de mi novio, que por una vez había dejado entrever la parte de su personalidad que solía esconder. No lo había dicho con odio, pero sí con una frialdad y una fuerza típicas de alguien que se sabe superior.

20 —Además, yo tampoco abrevio nunca —lo apoyé—. Y eso no me hace una... lo que sea. Pero dejémoslo. ¿No querías contestarle a Luis?

Álex asintió, abandonando la discusión para volver a centrarse en su propósito inicial. El aura de perseguidor
25 implacable volvió a rodearlo y me arrepentí de haberle recordado que tenía que responder al pobre Luis. Tenía la sensación de que solo acababa consiguiendo que la situación fuera a peor, a pesar de querer ayudar a mi compañero de clase. Incluso, si me remontaba a varios meses atrás, podía llegar a
30 pensar que yo había comenzado todo aquello que, aunque no

---

2 **una trampa** Falle – 3 **devorar** fressen – 4 **impaciente** que no sabe esperar –
5 **entrecerrar** medio cerrar – 7 **escaparse** huir (fliehen) *aquí:* salir – 9 **venga ya** interj
no te lo crees ni tú, ¡qué dices! – 10 **la sorna** ironía – 10 **una tilde** acento gráfico –
10 **maldito** *coloq* verdammt – 12 **el desprecio** rechazo – 14 **imponer** obligar, poner uc
por la fuerza – 16 **entrever** dejar ver un poco – 18 **la frialdad** → frío – 20 **abreviar** hacer
uc más corta – 24 **un propósito** idea, plan – 24 **un perseguidor** up que persigue y
acosa – 25 **implacable** sin piedad (unerbittlich) – 29 **remontarse** volver al pasado

me atrevía a ponerle nombre, sabía que era un tipo de acoso muy cruel e inhumano. Sí, se me podría señalar como culpable de todo, aunque creo que lo hacía porque prefería pensar que yo era la causante y no la persona a la que quería ciegamente.

5   Yo era la que había invitado a Luis a aquel botellón en el parque.

    El vuelo de una mariposa en Japón puede provocar un tornado en América, ¿no? Es lo que le oí decir una vez a mi abuelo.

10   O también podía provocar que Álex, con su combinación de odio hacia Luis, inteligencia oculta y falta de moralidad, empezara a pulsar con sus dedos las teclas de aquel móvil.

    Solo keria k vinieras a k me la xuparas un rato. Ants se lo hacías a Juan Carlos, xo ahora t a djado, no??

15   Sin pensárselo ni un segundo, envió el mensaje, mientras los dos idiotas que tenía detrás empezaban a reírse, mientras yo me asqueaba de estar allí presente.

    —Eso es...

    —¡Para troncharse! —me interrumpió Mario—. A ver qué

20 contesta.

    Álex se dio la vuelta hacia nosotros para chocar la mano que su amigo le tendía.

    —Siempre había sospechado que entre esos dos había algo —dijo—. Qué pena que Juan Carlos le haya dejado, porque

25 ahora es un marginado. Hay gente muy superficial en el mundo.

    Ni una víbora destilaría tanto veneno como él con cada una de sus palabras.

    —Sabes que eso no es verdad. A lo mejor nos estamos

30 pasando un poco.

---

4 **un causante** culpable – 7 **un vuelo** → volar – 7 **una mariposa** Schmetterling – 12 **una tecla** Taste – 13 **keria** quería – 13 **k** que – 13 **chupársela a up** *vulg* jmdm Einen blasen – 13 **ants** antes – 14 **xo** pero – 14 **a dejado** ha dejado – 17 **asquear** sentir asco de uc – 19 **troncharse** *Esp de risa loc coloq* reírse mucho – 21 **chocar la mano** golpear con la mano abierta – 22 **tender** extender, alargar, acercar – 23 **sospechar** imaginar, pensar – 25 **un marginado** up rechazado por el grupo – 27 **una víbora** Viper – 27 **destilar** *aquí:* producir – 27 **un veneno** sustancia que puede matar – 30 **pasarse con up** *coloq fig* ir demasiado lejos

—¿Pasándonos? Cariño, encima que me estoy ofreciendo para darle lo que quiere… Me siento como Papá Noel en Navidad.

Me sentó mal, muy mal, la forma en que me estaba tratando. Pero luego lo miré a los ojos y vi en ellos escrito el mensaje. Lo mismo que le estaba haciendo a Luis podía hacérselo a cualquiera… Así que me achanté.

Hice lo que mejor se me daba. Quedarme de brazos cruzados y parecer la muñeca mona y sin cerebro de mi novio.

—Bueno, al menos será divertido —dije.

—¿Cuántas veces te has aburrido desde que estás conmigo? Ninguna, porque era imposible.

En esta ocasión tuvimos que esperar más tiempo hasta que Luis contestó. Podía sentir, al otro lado de la débil línea que nos conectaba, cómo la angustia de mi compañero aumentaba al recibir aquellos mensajes de Álex. Pero, por fin, llegó la respuesta.

Sabes que eso no es cierto. Déjame en paz.

«Dejadme en paz». Ese era el mensaje que más veces había enviado Luis en los últimos meses. Nunca devolvía los insultos, ni amenazaba con contar lo que le estaban haciendo. Simplemente pedía que lo dejaran en paz.

Los dedos de Álex volvieron a posarse sobre las teclas, esta vez con más rapidez y seguridad.

T stas atreviendo a rechazarme??

Y aunque esperamos durante bastante tiempo, no llegó la respuesta. Pero si Luis esperaba que así pararía todo, estaba muy equivocado.

---

4 **sentar mal uc** *coloq* parecer mal, molestar – 7 **achantarse** callarse, perder el valor para hacer o decir uc (verstummen) – 8 **quedarse con los brazos cruzados** *loc* no hacer nada – 9 **mono** *coloq* bonito – 9 **un cerebro** Gehirn – 15 **la angustia** miedo, malestar (Beklemmung) – 18 **dejar en paz** *loc* dejar tranquila a up – 21 **amenazar** mostrar que se quiere hacer uc mala a up – 23 **posarse** poner sobre uc – 25 **stas** estás – 25 **rechazar** ≠ aceptar (→ rechazo) – 28 **equivocado** que tiene una idea falsa de uc

Qiza debería contarles a todos tu pekeño secretito. Creo k mañana les enseñare a todos los mensajs k me has mandado hoy diciendo por dond me la kerias meter. Stoy seguro de k tus padres tambn lo qerran sabr. T aseguro k lo vas a lamentar,
5 *niñato.*

Y así toda la tarde. No hubo ningún tipo de respuesta. A pesar de todo, yo sabía perfectamente que, al otro lado de aquella línea telefónica, Luis estaba empezando a desear una vez más volverse invisible.

10 Pero Caperucita Roja jamás pudo pasar desapercibida delante del lobo. Eran casi las diez de la noche, aunque por la época del año en la que nos encontrábamos, todavía no había oscurecido del todo y se filtraba cierta claridad por las ventanas. Gabi y Mario se habían marchado hacía media
15 hora, después de haber comentado todos y cada uno de los mensajes que Álex le había mandado al desdichado Luis. Yo estaba acabando unos deberes de Dibujo Técnico de los que me había acordado a última hora y que me traían de cabeza. Era la asignatura que peor se me daba. A mí me gustaban los
20 números y las fórmulas, no dibujar.

De repente sentí unos labios acariciando mi cuello y los brazos de Álex rodeándome desde atrás.

—Dios... —suspiré—. ¿No puedes esperarte a que acabe? Hay que entregarlo mañana y no tengo ni idea de esto de los
25 puntos en los planos.

—¿Prometes que cuando lo termines me harás caso?

—Sí, aunque tardaré un rato. Tendré que mirar cómo se hace en...

---

1 **Qiza** quizá – 1 **pekeño** pequeño – 2 **enseñar** mostrar – 2 **mensajs** mensajes – 3 **dond** dónde – 3 **kerias** querías – 3 **meter** poner dentro – 4 **tambn** también – 4 **qerran** querrán – 4 **sabr** saber – 5 **un niñato** up sin experiencia – 9 **invisible** que no se le puede ver – 10 **pasar desapercibido** no llamar la atención – 13 **oscurecer** hacerse de noche – 13 **filtrar** *fig* entrar, pasar – 14 **marchase** irse – 16 **desdichado** desgraciado, que tiene mala suerte – 18 **traer de cabeza** *loc* volver loco – 19 **darse mal uc** *loc* tener poca habilidad para uc – 21 **acariciar** tocar suavemente uc – 21 **un cuello** Hals – 24 **entregar uc** dar

Antes de que pudiera acabar la frase, mi novio me puso un dedo en la boca en señal de silencio, cogió mi regla, la escuadra y un lápiz, y empezó a trabajar.

Yo lo miraba asombrada, viendo la leve arruga que se había 5 formado entre sus cejas y cómo se mordía el labio con un gesto de concentración poco habitual en él. En ese momento parecía un chico estudioso normal, no el Álex que yo conocía.

Creo que no pasaron ni tres minutos antes de que soltara todo lo que tenía en la mano.

10 —Ya está —dijo—. No te preocupes, no tiene ningún fallo.

Estaba sorprendida.

—Álex...

—¿Qué pasa?

—Sabes lo que voy a decir.

15 —Y tú sabes que no te voy a contestar —me replicó—, así que no te molestes.

—Pero es que, si quisieras, podrías...

—¿Ser un maldito empollón? —me dijo con expresión desafiante mientras acercaba su rostro a pocos centímetros del 20 mío—. Prefiero hacer otras cosas.

Antes de que yo pudiera pronunciar ninguna palabra más, puso sus labios sobre los míos y empezó a besarme con dureza, con energía, y fui incapaz de seguir resistiéndome.

Noté cómo una de sus manos bajaba por mi espalda 25 acercándome más hacia él y abandoné cualquier pensamiento que pasara en ese momento por mi cabeza. Hasta que sus labios se separaron de mí y susurraron junto a mi oído:

—¿Qué te pasaba antes? Estabas un poco rara.

—Nada, no te preocupes.

30 Pero él me conocía demasiado bien.

2 **una regla** Lineal – 2 **una escuadra** Zeichendreieck – 4 **asombrado** sorprendido –
4 **una arruga** Falte – 5 **una ceja** línea de pelo sobre los ojos – 10 **un fallo** error, falta –
16 **molestar** *aquí:* intentar uc – 19 **desafiante** provocador – 22 **la dureza** → duro –
23 **resistirse** oponerse con fuerza a uc

—¿Es por lo de Luis? Sé que antes te llevabas bien con él.

Se me hizo un nudo en la garganta. Su tono no había sonado muy tranquilizador, sino todo lo contrario, como si estuviera retándome a que dijera que no me gustaba lo que él hacía.

5 Hubo una pequeña, una minúscula parte de mi cerebro que me instó a que dijera la verdad, a que hiciera lo que era correcto. Sin embargo, la otra parte, la que siempre guiaba mis acciones, decía que si le reprochaba algo a Álex, lo iba a perder.

Y eso era algo que en aquel momento no podía soportar.

10 —¿De verdad crees que me importa algo ese pringado?

Esa fue la vez que le pegué a mi Pepito Grillo un disparo mortal. No me importó. Sin embargo, volví a recordar aquel momento en el que pude haber parado a Álex, pero no lo hice, cuando Juan Carlos hizo… aquello.

---

1 **llevarse bien con up** tener una buena relación – 2 **hacerse un nudo en la garganta** *loc* einen Kloß im Hals haben – 4 **retar** desafiar, provocar – 5 **minúsculo** muy pequeño – 6 **instar** pedir que se haga uc – 7 **guiar** dirigir, orientar – 8 **reprochar** vorwerfen – 9 **soportar** superar, resistir (durchhalten) – 11 **Pepito Grillo** personaje de dibujos, ayuda a Pinocho a diferenciar el bien del mal

III

Me llamo Manuel. Yo soy el irresponsable que no cuidó de su hijo como debería haberlo hecho y que no merece ser llamado padre. En aquella época, recuerdo que yo estaba muy centrado
5 en mi trabajo, y como mi hijo Luis ya era mayor y estaba a un paso de ir a la universidad, le dejaba más libertad para que aprendiera a conseguir las cosas que quería por sí solo. Mi oficio siempre me ha absorbido bastante y creo que eso ha marcado mucho mi personalidad. Pero dejad que me explique.
10 Soy médico militar, trabajo en el Hospital Gómez Ulla de Madrid, en el Departamento de Reconocimiento Militar, y soy especialista en cardiología. Simplificándolo un poco, por mí pasan todos aquellos que quieren ingresar en el ejército o los militares que van a irse de misión. Soy parte del grupo médico
15 que diagnostica si están bien físicamente o no para ello.

Es un oficio en el que la capacidad para acallar tus pensamientos puede llegar a ser tu mejor aliada. Hay veces que veo entrando en mi consulta a jóvenes de veintitantos años que han sido destinados a alguna misión en Afganistán o Libia
20 y pienso: «¿Por qué alguien con toda la vida por delante quiere ir a esos sitios en los que no existe la esperanza?». También hay ocasiones en las que veo en las noticias cómo soldados a los que yo he hecho el reconocimiento mueren en algún atentado, y parece que los ojos de sus fotos me miran acusándome de ser
25 parte de la cadena que los había enviado allí. Siempre intenté evitar que a Luis se le pasara por la cabeza lo de ingresar en el ejército.

Puede que sea médico militar, pero eso no quiere decir que esté a favor de lo que hacen los ejércitos en muchos lugares del
30 mundo.

---

3 **merecer uc** ser digno de uc – 5 **estar a un paso de uc** *loc* cerca de uc – 8 **un oficio** profesión, trabajo – 8 **absorber** consumir todo su tiempo – 11 **un reconocimiento** *médico* revisión, examen – 13 **ingresar** entrar – 16 **acallar** hacer callar, silenciar – 18 **una consulta** lugar donde recibe el médico (Praxis) – 19 **destinado** enviado – 24 **acusar** culpar – 25 **una cadena** Kette – 26 **pasar uc por la cabeza a up** *loc coloq* pensar en uc, imaginar uc

Por suerte, aquellas Navidades conseguí cogerme una semana de vacaciones que me permitió relajarme un poco y dedicarme a otros asuntos. Entonces fue cuando empecé a notar que a mi hijo le pasaba algo. Me preocupé muchísimo.

5 Seguía haciendo las mismas cosas que antes y nos trataba a su madre y a mí como siempre, pero parecía que lo hacía por seguir con su rutina y que en realidad había perdido la ilusión. A veces te lo encontrabas con la mirada vacía, sentado en su habitación, con una sombra de preocupación pasando
10 por sus ojos. Y sin embargo, cuando se daba cuenta de tu presencia, recomponía la compostura e intentaba esbozar una sonrisa que distaba mucho de ser auténtica. De aquello, como he dicho, empecé a darme cuenta en Navidades, pero no fue hasta mediados de enero cuando me percaté de lo más
15 preocupante, un detalle que, a pesar de ser muy significativo, yo había pasado por alto hasta entonces.

Hacía bastante tiempo que no veía a mi hijo hablar con nuestro vecino y su mejor amigo, Juan Carlos. Todos los días pasaban bastante rato juntos, como si fueran hermanos.
20 Tanto nosotros como los padres del otro chico sabíamos que eran una buena influencia el uno para el otro, así que se lo permitíamos. No me podía creer que hubiera tardado tanto en darme cuenta, pero así era. Ya había pasado mucho desde la última vez que Juan Carlos estuvo en nuestro piso, y Luis
25 tampoco había ido al de al lado en meses.

Eso hizo que me convenciera de que le estaba pasando algo malo a Luis. Aquella tarde, un día gris y oscuro de finales de enero, mientras Luis estaba en sus clases extraescolares de Inglés, le comenté el asunto a mi mujer. Ya era hora de
30 tomar cartas en el asunto; llevaba varios días viendo a mi hijo encerrado en su habitación, tumbado en la cama con las luces

---

8 **vacío** sin nada dentro – 9 **una sombra** *aquí:* un poco de uc – 11 **recomponer** reparar – 14 **percatarse** darse cuenta, notar – 16 **pasar por alto** *loc* olvidarse, no darse cuenta de uc – 21 **una influencia** Einfluss – 22 **tardar** necesitar mucho tiempo para uc – 30 **tomar cartas en el asunto** *loc coloq* intervenir, tomar parte en uc (para encontrar una solución) – 31 **encerrado** dentro de un lugar sin querer o poder salir – 31 **tumbado** echado, acostado

apagadas. No hacía falta ser médico para darse cuenta de que ese era un síntoma de depresión.

—Elisa, cariño, ¿tienes un momento?

Ella levantó la mirada de la revista de economía que estaba 5 leyendo (es directora de la sucursal de un banco y se toma muy en serio su trabajo) y le quitó el volumen a la radio que tenía al lado.

—Tienes que hacer la cena antes de irte a correr —me recordó—. Y recuerda que mañana hemos quedado con tu 10 hermano para el café. Aunque no sé si…

—Luego —la interrumpí—. Ahora quería hablarte de Luis.

—¿Ha hecho algo malo en el colegio? ¿O ha sacado una mala nota? No hace falta que me lo intentéis ocultar como la última vez, que sabéis que os cazo.

15 —No, es solo que… últimamente lo noto un poco deprimido —continué, mientras me sentaba a su lado en el sofá—.

Ya no ríe tanto como antes, habla menos, parece menos centrado. Y cada vez son más los viernes que se queda en casa, 20 ¿te has fijado? Al principio me alegré, porque me pareció que se estaba tomando en serio los estudios, pero el chico también necesita relacionarse.

Yo todavía estaba mirando al vacío, intentado poner en orden las ideas de mi discurso, cuando noté que Elisa cogía 25 aire y empezaba a escucharme con preocupación.

—Pensaba que estaba enfermo. No parecía haberse recuperado muy bien de la fiebre de la semana pasada.

—Es algo más que eso, cariño. Te lo digo como médico y como padre.

30 —Siempre he pensado que pasamos demasiado tiempo fuera de casa, tú en tu consulta, y yo en el banco…

Hubo un corto silencio, en el que la sensación de culpabilidad se hizo presente. Era algo que sabíamos, pero había que ganarse el sueldo.

5 **una sucursal** filial – 6 **quitar** apagar – 12 **sacar** *una nota* tener – 14 **cazar** *fig* jagen – 26 **recuperarse** volver a estar sano – 28 **el cariño** expresión de afecto – 33 **la culpabilidad** → culpa – 34 **un sueldo** dinero recibido regularmente por un trabajo

—¿Crees que será por una chica? —me preguntó al fin.

—No, no pienso que sea eso.

—Pareces muy seguro.

—Bueno, es que hace un par de días... —me callé en ese momento, eligiendo las palabras adecuadas—. Lo vi llorando delante de la pantalla del ordenador. No pude ver lo que estaba leyendo, pero no creo que se ponga así por una chica.

—¿Y por qué no me lo has contado antes? Aquello lo dijo realmente enfadada.

—No sabía qué hacer, pensaba que solo sería una tontería de adolescentes. Pero ahora lo sumo a todo lo que está pasando y...

—¡Me da igual lo que pensaras, es nuestro hijo! Si lo ves llorando o preocupado, tienes que animarle. Y si no eres capaz, al menos me lo dices para que yo corrija tu error.

No contesté. No iba a discutir con ella, y menos cuando llevaba razón. Ahora de lo que se trataba era de ayudar a nuestro hijo, a Luis.

—¿Qué crees que le habrá hecho sentirse así?

—No lo sé —respondió—. En la cena se lo preguntamos. Con delicadeza. Nada de echarle broncas ni discursos, ¿de acuerdo?

—¿Crees que es la mejor opción? Yo creo que no podemos hacer nada si él no confía primero en nosotros y nos lo cuenta por voluntad propia.

—Vosotros, los hombres, siempre tan parcos en palabras.

Si esa es tu mejor opción, lo llevamos crudo. Por Dios, Manuel —suspiró—. Cuando tenías su edad, ¿quiénes eran las últimas personas en las que confiabas para contarles lo que te pasaba? Parece como si no te preocuparas por Luis.

Podría estar pasándole algo realmente grave; necesita nuestra ayuda.

---

7 **ponerse así por uc** reaccionar de ese modo – 17 **llevar razón** *loc* estar en lo cierto – 21 **la delicadeza** cuidado, suavidad – 21 **echar** *aquí:* dar – 26 **parco en palabras** que habla poco – 27 **llevar uc crudo** *coloq* tenerlo difícil, ser complicado

Estuvimos durante un rato más analizando la situación, pero no llegamos a ningún acuerdo, salvo el de seguir hablando cuando hubiéramos acabado nuestras tareas. Mi mujer siguió escuchando un debate sobre la crisis económica en la radio
5 mientras empezaba a ordenar la casa, y yo fui al ordenador para revisar algunos informes sobre unos pacientes a los que tendría que pasar revisión al día siguiente. Me preparé una taza de té, como siempre hacía cada vez que me tocaba hacer alguna tarea relacionada con el hospital en casa, y me apresuré
10 a arrancar mi equipo. No se me da mal la informática, pero siempre me ocurría algo con el ordenador de casa que hacía que perdiera la paciencia, aquel día seguramente más, porque no podía quitarme la preocupación por mi hijo de la cabeza. Luis solía decir que le caía mal al computador. La verdad es
15 que me fascina la facilidad que tiene la gente de la edad de mi hijo para tratar con las nuevas tecnologías, y también me asusta un poco, porque es un campo... peligroso, digamos. Después de todo, en internet no hay reglas, ni está garantizada una mínima protección para ellos, y la mayoría de los padres
20 estamos por detrás de nuestros hijos en lo que a conocimientos informáticos se refiere; por lo tanto, no podemos serles de gran utilidad. ¿Quién sabe en qué tipo de webs se meten o con quién hablaban por los chats esos? Uno de mis propósitos para ese verano era apuntarme a un curso de internet y esas cosas.
25 No me gustaba notar cómo me iba haciendo viejo. Cuando ya estuvo todo listo, tecleé la contraseña de mi usuario (no era una clave muy original, tan solo los nombres de mi hijo y de mi esposa juntos), y entré en mi sesión.

Tenía que echarle un ojo a un par de documentos que me
30 había traído del trabajo guardados en un pendrive, pero antes de eso, abrí el buscador de internet para ver un par de páginas. Era mi ritual de todos los días: entraba en las webs

---

2 **salvo** excepto – 9 **apresurarse** darse prisa – 10 **arrancar** poner a funcionar – 10 **un equipo** *aquí:* ordenador – 20 **estar por detrás** tener menos conocimientos – 24 **apuntarse** inscribirse (anmelden) – 26 **una contraseña** palabra secreta para entrar en algún lugar – 27 **una *palabra* clave** contraseña – 29 **echar un ojo** *coloq* mirar uc – 30 **un pendrive** *ingl* USB-Stick

de los periódicos que más me gustaban, en otra en la que comentaban todas las novedades de la Fórmula 1 (soy fan acérrimo) y, por último, en mi correo. Fue cuando llegué a este último paso cuando se me ocurrió aquella idea, que
5 instantáneamente generó un gran dilema ético dentro de mí. Dejad que me explique. En aquel momento estaba recordando el día en el que, estando en primero de Secundaria, Luis me vino a pedir ayuda porque quería una cuenta de Hotmail y Messenger para chatear con sus amigos. Estuvimos toda la
10 mañana de un sábado haciéndole la cuenta y aprendiendo a usarla, porque yo no tenía ni idea de cómo funcionaba aquello, pero quería controlar un poco de lo que hacía mi hijo con su nuevo correo electrónico. Resumiendo: yo sabía la dirección de e-mail y la contraseña de mi hijo. Eso era lo que había pensado:
15 entrar en el correo de mi hijo y revisar sus mensajes. Lo que llevaba al problema principal, que se podía resumir en cuatro palabras, cuatro palabras que empezaban a resonar con fuerza en mi mente. «Eso no está bien». Luis confiaba en mí. Lo que se estaba fraguando en mi cabeza era un dilema con el que creo
20 que se han visto las caras todos los padres del mundo al menos una vez en la vida: ¿hasta qué punto nuestra preocupación justifica que se quebrante la intimidad de nuestros hijos? Una vez había escuchado en el telediario una noticia acerca de un padre que, sospechando que su hija era bulímica, había
25 colocado una cámara en el cuarto de baño, y ella lo había llevado a juicio. En un principio yo había sentido claramente en mi interior que, a pesar de que las sospechas eran fundadas y de que la hija sí que tenía un trastorno alimentario, el padre había obrado mal. Pero también era consciente de que si yo
30 hubiera estado en aquella situación, seguramente habría

3 **acérrimo** mucho de uc, muy fuerte – 4 **un paso** Schritt *aquí:* acción –
5 **instantáneamente** enseguida – 17 **resonar** sonar mucho – 19 **fraguar** preparar, idear poco a poco – 22 **justificar** disculpar, excusar – 22 **quebrantar** romper, no cumplir – 23 **un telediario** programa de noticias – 24 **bulímica** que no puede dejar de comer y devuelve la comida (bulimisch) – 24 **colocar** poner en un lugar determinado – 25 **un juicio** proceso judicial (→ juzgar) – 29 **obrar** actuar, hacer uc

acabado haciendo lo mismo. No, cien por cien asegurado. La preocupación nos puede a los padres.

Sí. Entré en la página web de Hotmail, tecleé la dirección de Luis, luego su contraseña, y pulsé el botón «Entrar». Pasados 5 unos segundos, ante mis ojos apareció la bandeja de entrada de Luis. A primera vista había recibido muchos mensajes de sus compañeros últimamente, y decidí leer los más recientes.

Alguien tenía que haberme avisado. De verdad, tenía que haberlo sabido.

10 Aquellos mensajes eran peores que cualquier museo de los horrores que uno pudiera imaginar. Ahí sí que mi instinto protector se disparó. Y también el enfado.

¿Cómo alguien podía hacerle algo así? ¿A mi hijo?

Estaba tan enfurecido, tan ajeno a todo lo demás, que no me 15 di cuenta de que Elisa estaba detrás de mí hasta que pronunció unas palabras.

—Pero qué…

Me di la vuelta y la encontré mirando a la pantalla con un gesto de horror dibujado en su cara.

20 —Es el correo de Luis —dije.

—¿Estás mirando su e-mail sin su permiso?

—Ya sé que está mal. Pero más urgente que la bronca que me merezco es esto. ¿Qué crees que ocurre con estos mensajes? ¿Por qué se lo envían a nuestro hijo sus compañeros de clase?

25 —¿Han sido sus compañeros de clase? Dios santo…

Sin decir más palabras, Elisa cogió el ratón del ordenador y en otra ventana abrió la página del buscador. Luego abandonó la habitación, con las lágrimas corriendo por su rostro, no sin antes teclear una única palabra: *ciberacoso*.

30 Yo nunca había oído hablar de aquello del ciberacoso, y durante más de una hora estuve leyendo la información que daban varias páginas web sobre el tema. Tampoco era muy

---

7 **reciente** nuevo, de hace poco tiempo – 12 **dispararse** *aquí:* salir con fuerza (→ **disparo**) – 14 **enfurecido** muy enfadado – 14 **ajeno** lejano, sin relación con uc – 26 **un ratón** Maus – 28 **una lágrima** gota de agua que sale del ojo

difícil de entender: se trata del acoso escolar clásico, pero en este caso se canalizaba a través de las nuevas tecnologías.

Mensajes en el móvil y correos electrónicos amenazantes, fotos colgadas sin el consentimiento de la víctima con el propósito de dejarla en ridículo... Pero lo que más miedo me daba era algo que afirmaban todas y cada de las páginas en las que entré. Aparentemente, el ciberacoso solía acabar estando relacionado con el acoso escolar físico.

Me quedé totalmente bloqueado. No era solo la preocupación por mi hijo la que no me dejaba pensar con claridad, sino también la sensación de que, al no haberme dado cuenta antes de lo que le ocurría, había fallado en mi papel de padre. Si de verdad existe algún fondo en la vida, creo que en aquel instante yo lo toqué. Llegó el momento en el que tanta información empezó a cansarme y mis ojos comenzaron a fatigarse de leer en aquella pantalla. Me olvidé de los documentos pendientes de mi trabajo y salí al salón, no sin antes mirarme en el espejo del pasillo. Creo que eso de «¿Qué pasa, es que has visto un fantasma?» sería lo que mejor definiría mi expresión en aquel momento.

Mi mujer seguía allí, pero esta vez no estaba sentada en el sofá, sino que se encontraba de pie en medio de la sala, mirando al vacío. Se había calmado ya un poco, aunque sus ojos seguían enrojecidos. El sonido de mis pisadas hizo que los volviera hacia mí.

Pronunció dos palabras, tan solo dos. Es increíble cómo se pueden resumir tantas dudas en solo dos palabras.

—¿Qué hacemos?

Yo negué despacio con la cabeza.

—No lo sé.

—Todo esto es tan... cruel.

Esa era la palabra.

---

4 **el consentimiento** permiso – 12 **un papel** Rolle – 15 **fatigarse** cansarse – 19 **un fantasma** espectro de un muerto – 24 **enrojecido** rojo – 24 **una pisada** paso

—No me puedo creer que haya chicos que se dediquen a estas cosas, a arruinarle la vida a nuestro hijo. Mañana pediré los datos al colegio y los llamaré, uno a uno. No voy a dejar que salgan sin ningún castigo.

5 Me estremecí solo de pensar en cómo debía de haberlo pasado Luis en todo aquel tiempo. ¿De dónde sacaba la fuerza para aguantar tan estoicamente, para no hundirse del todo? Yo también tenía que ser fuerte, tenía que cortar aquello de raíz para que Luis no volviera a pasar por esa situación. Nunca más

10 me iba a permitir abandonar a mi hijo.

—¿Y si hablamos antes con el tutor de su clase?

Me senté en una butaca antes de considerar la propuesta de Elisa.

—¿De todo este acoso?

15 —Sí. Pensándolo bien, nosotros... bueno, podemos estropear más la situación. Además, su tutor también es su profesor de Informática, ¿no? Él conoce a los chavales y puede que haya tratado con alguna situación parecida antes. Seguramente sabrá cómo ayudarnos. Cogí de las manos a mi

20 esposa, tratando de transmitirle a partes iguales seguridad y apoyo. Ella me miró y sonrió forzadamente, aunque con cariño. Asentí levemente.

—De acuerdo —dije—. Mañana por la mañana llamaré al colegio y pediré una cita con su tutor. Parece la mejor opción,

25 dadas las circunstancias, aunque si ocurre algo más grave habrá que pensar en una medida más drástica. Vamos a cortar esto de raíz, Elisa. Ya lo verás.

---

2 **arruinar** destruir, causar un daño grave – 4 **un castigo** pago por una mala acción (Strafe) – 7 **aguantar** soportar, resistir – 7 **estoicamente** dominando y controlando los sentimientos – 7 **hundirse** *aquí:* deprimirse – 8 **de raíz** *loc* radical, completamente – 12 **una butaca** silla de brazos – 12 **considerar** pensar, reflexionar sobre uc – 16 **estropear** *aquí:* hacer peor, dificultar – 17 **un chaval** *Esp* chico *aquí:* alumno – 20 **tratar de** intentar – 20 **transmitir** comunicar – 21 **un apoyo** ayuda (→ apoyar) – 25 **una circunstancia** situación, estado de las cosas (Sachlage) – 26 **una medida** Maßnahme

IV

Mi nombre es Alicia. Yo fui a la que Luis intentó proteger, aun cuando ni siquiera podía ayudarse a sí mismo. Había llegado nueva a aquel colegio en segundo de Bachillerato. Recuerdo
5 que el primer día todos intentaron entablar conversación, me ofrecieron su ayuda con apuntes y demás cosas, e incluso me invitaron a salir con ellos aquella misma tarde. Y sin excepción, cada vez que yo los rechazaba con mi habitual sarcasmo, ponían la misma cara de incredulidad. Eso fue en la primera
10 semana. En la segunda fueron expresiones de resignación. A la tercera, la mayoría me miraba con odio. Al mes, ya nadie me hablaba, menos él, claro. Aquel chico cuyas risas parecían inundar siempre la clase y contagiaba su alegría a todos los demás. No importaba lo hirientes que fueran mis respuestas,
15 volvía a hablarme una y otra vez. Luis.

Ya el primer día que lo vi, me forjé una opinión de él. Parecía el típico chico inteligente, guapo, popular, que es totalmente incapaz de estar solo. No había más que ver que nunca se separaba de su mejor amigo, Juan Carlos, que parecía mucho
20 más callado y serio que él. Y le era imposible pensar mal de nadie. Su vida parecía recién sacada de los anuncios de Donuts. Día redondo tras día redondo.

Todas las mañanas, en algún recreo o intercambio de clase, veía cómo se acercaba y se sentaba en el pupitre de delante.
25 Me preguntaba por cosas normales, como los exámenes, el fin de semana o mi colegio anterior, y a pesar de mis groseras contestaciones, que incluso provocaban que otros compañeros se rieran de él, siempre volvía a estar ahí al día siguiente. Cada vez que se levantaba, yo oía a Juan Carlos decirle: «Tío, déjalo.
30 Ella no quiere hablar contigo». Pero Luis nunca le hacía caso.

---

2 **aun** *aquí:* incluso – 5 **entablar** empezar – 6 **los apuntes** notas de clase – 9 **la incredulidad** dificultad para creer uc – 13 **inundar** llenar uc – 13 **contagiar** transmitir, comunicar – 14 **hiriente** que hace daño – 16 **forjarse** hacerse – 20 **callado** que habla poco – 21 **recién** apenas, acabado de – 22 **redondo** *aquí:* perfecto – 26 **grosero** ≠ amable

Una vez escuché cómo le respondía a su amigo que no existía ninguna persona a la que le gustara estar sola.

Estoy segura de que, dos meses más tarde, él ya no volvió a pensar lo mismo. No después de que ocurriera... aquello. Lo
5 que hizo que sus carcajadas no volvieran a sonar en clase.

Pero os preguntaréis por qué yo era así. Creo que se debe a un conjunto de circunstancias. Primero está el desastre en el que se convirtió mi familia. Mis padres se divorciaron cuando yo tenía cuatro años, y él se fue a vivir a Estados Unidos, donde
10 encontró una nueva esposa y tuvo dos hijos. El único contacto que tengo con mi padre es la carta, y el regalo que la acompaña, que me envía todos los años por mi cumpleaños, a la que yo nunca respondo. Vivo con mi madre, que desde pequeña me ha enseñado a utilizar el cerebro para ser la mejor en todo lo
15 que hago, a valerme por mí misma, a no depender nunca de nadie. Ese es uno de los factores que me hacen ser como soy. El otro es lo que me ocurrió en el anterior instituto. A golpes adquirí la creencia de que los demás solo iban a hacerme daño. Era mejor estar sola que mal acompañada.
20 No creo que eso sea una excusa para tratar a Luis como lo hice, y no estoy intentando justificarme. Por suerte cambié mi actitud, aunque quizá fuera ya demasiado tarde, pero, aun así, él siempre me ha dicho que le fui de gran ayuda en aquellos meses, los peores de su vida.
25 Todo ocurrió la mañana del lunes siguiente a aquel estúpido botellón. Aquel lunes no entré en clase como de costumbre, puesto que tenía en mis pensamientos algo más que los estudios o los deberes. Por una vez estaba preocupada (solo un poco) por alguien, por aquel chico que nunca se cansaba de
30 intentar sacarme alguna palabra amistosa: Luis. El sábado me había metido en Tuenti (lo hacía por pura costumbre, pero casi nunca lo usaba) y había visto las fotos que le habían sacado.

---

8 **convertirse en** llegar a ser – 11 **acompañar** ir con uc o up – 15 **valerse por sí mismo**
loc hacer las cosas sin ayuda – 15 **depender** necesitar de uc o up – 18 **adquirir** coger,
tener con el tiempo – 18 **una creencia** → creer – 26 **de costumbre** habitualmente –
32 **sacar** *una foto* hacer

Estuve horas pegada a la pantalla del ordenador leyendo los insultos y los comentarios que aparecían con esas imágenes. Yo sabía por experiencia propia cómo era aquello. Empezaba uno, uno que tenía una gran influencia y que por cualquier
5 razón te la tenía jurada, y al final se le acababa uniendo toda la clase, aunque solo fuera por puro aburrimiento. Con Luis habían sido especialmente despiadados. Al entrar en clase a primera hora de la mañana, quise ver su cara.

No fue muy difícil encontrarle con la mirada. Estaba sentado
10 solo en su pupitre, sin nadie más a su alrededor, una imagen que no había visto en todo lo que llevaba de curso. Incluso Juan Carlos estaba en otro grupo de gente, en el que también se encontraba el que había subido las fotos de Luis, Álex, además de su novia y algunos más. Muchos cuchicheaban
15 y se reían mientras señalaban a Luis, que intentaba hacer como si nada le afectara, aunque yo sabía que no era así y sentí náuseas. Quizá porque conocía de sobra lo que él estaba experimentando. Pasé por su lado de camino a mi sitio, que estaba en la última fila. Ni siquiera levantó la mirada, ni me
20 saludó con una sonrisa en la cara como solía hacer. Y por primera vez eché de menos aquel gesto. Por suerte, la profesora de Inglés entró en clase y pude apartar aquellos pensamientos de mi cabeza. Los ejercicios de los diferentes tiempos verbales consiguieron distraerme, a pesar de que eran bastante fáciles.
25 Así transcurrió la mañana, entre derivadas, actividades de formulación (odio la Química) y montones de apuntes en mis cuadernos. Fue bastante agotador, porque estábamos cerca de los exámenes finales de la primera evaluación y los profesores comenzaban a darse cuenta de que les faltaba tiempo para dar
30 el temario correspondiente. Odiaba cuando al principio del trimestre se alargaban con detalles y comentarios sobre los

5 **tenérsela jurada a up** *loc coloq* querer hacer el mal a up por uc – 14 **cuchichear** hablar bajo para no ser oído – 17 **una náusea** *u m en Pl* asco, ganas de vomitar – 17 **de sobra** *loc* suficiente, bastante – 21 **echar de menos** *loc* notar la falta (vermissen) – 22 **apartar** poner en otro lado – 24 **distraerse** ǂ concentrarse – 25 **transcurrir** pasar tiempo – 25 **una derivada** *mat* Ableitung – 27 **agotador** que cansa mucho – 30 **un temario** lista de temas

temas que nos explicaban y luego, cuando se acercaban los exámenes, daban las lecciones a toda prisa. Creo que todos sentimos el mismo alivio cuando acabó la clase de Química y sonó la campana que anunciaba el inicio del recreo, o al
5 menos eso fue hasta que miramos por la ventana. Fuera estaba cayendo el diluvio universal. No era algo muy sorprendente, ya que estábamos en pleno mes de noviembre, y aunque a nadie le apetecía quedarse encerrado en aquella clase, nos tuvimos que aguantar.
10   Todos a mi alrededor empezaron a sacar sus meriendas, a juntarse en grupo alrededor de las mesas para hablar y desconectar de las horas anteriores. Yo saqué un par de libros y me dispuse a hacer algunos deberes que nos habían mandado en lo que llevábamos de mañana. Con un poco de suerte, me
15 daría tiempo a acabarlos en aquel descanso y no tendría que hacerlos en casa. Esa era mi intención, hasta que levanté la cabeza de la hoja de papel en la que iba a trabajar y vi a Luis otra vez solo. Seguía sentado en su pupitre, sin hacer nada, pero pude ver cómo dirigía su mirada hacia el grupo en el que
20 él solía estar. Su expresión era la misma que la de alguien que está completamente perdido. No lo pude evitar. Me recordó a la cara que solía ver cada vez que me miraba en el espejo un año atrás. ¿Cómo era posible que tus propios compañeros, tus amigos, pasaran a tratarte como si fueras basura de la noche a
25 la mañana? Sí, ya sé que pensaréis: «Mira quién habla», pero yo en ese momento estaba realmente furiosa por lo que estaba contemplando. Solté mi bolígrafo y me levanté de golpe. Creo que varios de los que estaban cerca de mí me miraron, porque yo no solía moverme mucho por la clase. Los ignoré a todos y
30 me senté en el pupitre que había delante de Luis. No me vio

---

2 **a toda prisa** muy rápido – 3 **un alivio** tranquilidad – 4 **una campana** Glocke – 4 **anunciar** indicar, señalar, mostrar – 6 **un diluvio** *coloq* lluvia muy fuerte – 7 **en pleno** *loc* en medio de uc – 10 **una merienda** comida ligera *p ej* fruta – 11 **juntarse** ponerse juntos – 12 **desconectar** dejar de pensar en uc – 13 **disponerse** ponerse – 13 **mandar** encargar, dar – 15 **un descanso** pausa – 26 **furioso** muy enfadado – 27 **contemplar** observar, ver – 27 **de golpe** *loc* de repente

venir, así que cuando aparecí en su campo de visión abrió mucho los ojos.

—¿Estabas haciendo algo? ¿Te molesto? —le pregunté.

Él tardó un poco en responder.

5 —No, puedes quedarte.

Me di cuenta de que no tenía ni idea de qué diablos decirle. Por mi cabeza pasaron un millón de tópicos para empezar una conversación (algunos realmente vergonzosos), y al final me decidí por uno habitual para estudiantes de segundo de

10 Bachillerato.

—Oye, ¿tú has decidido ya qué carrera quieres estudiar? Sabía que era extraño que una chica que no te había hablado en dos meses, a no ser que fuera para insultarte, empezara ese tipo de conversación. Pero contaba con el carácter de Luis,

15 que no parecía de los rencorosos. Yo solo quería que dejara de pensar en lo que le había pasado aquellos días, aunque fuera por poco tiempo. Era lo único que se me ocurría que podía hacer por él.

Aparentemente funcionaba. Creí ver un atisbo de sonrisa en

20 su cara.

—Arquitectura —me contestó—. No creo que me llegue la nota, pero... bueno, es como un sueño que tengo desde pequeño. Siempre he querido ver un rascacielos diseñado por mí en el centro de Madrid. Pero eso no lo sabe nadie, así que

25 no lo vayas contando por ahí, ¿vale? ¿Me guardas el secreto?

—Seguro que lo consigues —le dije—. Cuando alguien quiere tanto algo y va a por ello sin importarle lo demás, yo creo que lo acaba consiguiendo. Además, llevas buena media.

—Suena como si tú también quisieras algo.

30 —Oh, sí —sonreí—. Quiero ser la nueva Marc Zuckerberg.

—Ese es el creador de Facebook, ¿no?

—Y el joven más rico de la historia.

---

1 **el campo de visión** Sichtfeld – 8 **vergonzoso** patético, que da vergüenza – 14 **contar con** tener, disponer de uc – 15 **rencoroso** que tiene o guarda rencor – 19 **un atisbo** indicio, cantidad pequeña de uc – 23 **un rascacielos** edificio muy alto – 28 **una *nota* media** Durschnittsnote – 31 **un creador** inventor, fundador

Él ahogó una risa.

—Quién iba a decir que eres de las que miran el dinero — dijo.

—Seamos serios: que se quiten la belleza y la inteligencia
5 cuando te paseas en tu Ferrari.

Los dos soltamos una carcajada.

Entonces, cuando Luis dejó de reírse, empecé a sentirme incómoda. Me estaba recorriendo con la mirada de arriba abajo, como si pudiera leerme la mente... y a mí me entraron
10 ganas de taparle los ojos con una mano. Eran marrones, con un toque de verde en ellos y una capacidad asombrosa para ponerte nerviosa.

—Alicia.

Mi nombre pronunciado por él hizo que bajara de mis
15 pensamientos.

—Dime.

—¿Por qué me estás hablando hoy?

No se me ocurrió ninguna excusa razonable, así que le dije la verdad.

20 —Creí que te vendría bien un poco de compañía.

—Así que también has visto las fotos.

Me encogí de hombros, porque la respuesta era evidente.

—¿Te doy pena? —me preguntó frunciendo el ceño.

—Llámalo empatía.

25 —Pensaba que te caía mal. Me las has hecho pasar canutas solo por intentar hablarte.

—No creo que quieras recordármelo.

—No, la verdad es que no —me confirmó—. Me gusta el cambio.

30 En ese momento miró a su alrededor, como dándose cuenta por un momento de que no estábamos solos.

—¿No te importa que te vean hablar conmigo?

---

11 **un toque** un poco de uc – 11 **asombroso** increíble – 20 **venir** *bien* ser bueno para uc
o up – 22 **evidente** claro – 23 **fruncir el ceño** expresa enfado die Stirn runzeln – 24 **la
empatía** identificación con los sentimientos de otra persona – 25 **pasarlas canutas** *Esp
loc coloq* pasarlo mal, sufrir – 28 **confirmar** verificar uc (bestätigen)

Yo también levanté los ojos y vi a muchos mirándonos, algunos incluso señalándonos de la manera menos disimulada posible con el dedo. Solté una risa sarcástica.

—¿De verdad crees que lo de mantener la imagen y
5 estupideces parecidas va conmigo? No seas ridículo.

—No, supongo que no son cosas que te importen. Pero no quiero que se metan contigo solo por mi culpa.

Le miré fijamente. ¿Tenía más de 120 comentarios insultantes en Tuenti y le quedaba tiempo para preocuparse por otros? ¿De
10 verdad aquel tipo de personas seguía existiendo? Era ridículo. Yo misma, en su lugar, lo hubiera pagado con todo aquel que me rodeara. Ya que me estaba hundiendo, al menos que todo lo demás lo hiciera conmigo.

Creo que captó mi mirada de incredulidad, aunque la
15 interpretó de la manera equivocada.

—Perdona. Ya sé que puedes cuidar de ti misma perfectamente, mucho mejor que yo.

—Supongo. Fui criada por lobos —señalé.

—No hace falta que me lo jures —me dijo—. Pero, aun así,
20 podrías dejar que los demás se te acercaran un poco. Creo que hay muchos a los que les gustaría ser tus amigos, y eres simpática cuando dejas de decirle borderías a la gente.

Resoplé. Ese comentario parecía típico de alguien tan inocente como él.

25 —¿Se supone que ahora tengo que escuchar los consejos de alguien que ni siquiera sabe evitar a los *paparazzis* cuando va de fiesta?

Entonces una voz nos interrumpió.

—Por no decir que tampoco es capaz de controlar con la
30 bebida.

---

2 **disimulado** que no quiere ser visto – 7 **meterse con up** insultar, molestar a up –
8 **fijamente** sin dejar de mirar – 11 **pagar uc con up** liberar frustración o problemas
con up que no tiene la culpa – 14 **captar** darse cuenta, notar – 18 **criado** educado y
alimentado – 22 **una bordería** *Esp* comentario antipático o molesto – 23 **resoplar** soltar
aire con ruido – 25 **un consejo** Ratschlag

Levantamos la vista. Álex estaba de pie frente a nosotros con los brazos en jarras. Siempre recordaré su sonrisa, suave, fría, calculadora, pero que también escondía un odio mucho menos visible. Me recordó a la sonrisa que había transformado
5 mi mundo en un infierno un año atrás.

Pero Luis solo se la devolvió educadamente.

—Tienes razón. Ya no volveré a beber.

Idiota. ¿Por qué no se defendía? ¿Por qué no lo pagaba con el que había colgado aquellas fotos? Toda la clase nos estaba
10 mirando, ahora ya sin disimulo. Y no se oía ni un susurro, solo el sonido de la lluvia que caía afuera.

—Ya lo creo que no —dijo Álex—. De eso ya se encargó tu mejor amigo, ¿no es así, Juan Carlos? Creo que era lo que querías cuando le sacaste aquellas fotos.

15 Silencio.

—Yo no...

Juan Carlos intentó excusarse, lo que confirmó que lo que estaba diciendo Álex era verdad. Al final se tapó la cara con las dos manos, mientras todos los demás compañeros
20 permanecían expectantes. Como si esto fuera un circo.

También vi el daño que le había causado a Luis el conocer la traición de su mejor amigo, y la cara de satisfacción de Álex al ver que sus palabras habían logrado el efecto deseado.

—¿Fuiste... tú?

25 La voz de Luis se entrecortaba, cargada de horror. —Oh, sí, fue él —Álex volvió a la carga—. Supongo que tiene alma de periodista nuestro Juan Carlos, le gusta que todos sepamos cómo es de verdad su mejor...

—Ya está bien —lo interrumpí.

30 La firmeza de mi voz y la rabia en mi expresión lograron sorprender un poco a Álex, aunque se recuperó rápidamente.

---

1 **frente a** enfrente de – 2 *poner* **los brazos en jarras** *loc* con las manos en la *cintura* (Taille) – 8 **defenderse** oponerse (sich wehren) – 17 **excusarse** disculparse, buscar un excusa – 22 **una traición** Verrat – 25 **entrecortarse** hacer pausas, dejar de oírse – 25 **cargado** lleno – 26 **a la carga** ataque – 26 **el alma** *f* Seele – 30 **la firmeza** seguridad – 30 **la rabia** Wut

—¿Qué pasa, Alicia, ahora eres una defensora de Alcohólicos Anónimos?

Era rápido con las palabras. Pero si algo decía siempre mi abuela, era que yo había nacido con la lengua afilada como ella.

—No, solo soy aficionada a proteger a la gente de imbéciles como tú.

Creí que me iba a dar un bofetón.

En serio, incluso vi cómo cerraba con fuerza su puño. Por suerte, aquella vez fui, literalmente, salvada por la campana. Cuando sonó el timbre, Álex simplemente me miró con aquella expresión amenazante suya por última vez y fue a sentarse en su sitio.

Yo también me levanté para ir a mi pupitre, pero antes de que pudiera dar un paso, Luis me retuvo agarrándome del brazo.

—¿Qué quieres ahora? —le pregunté.

—Gracias.

Me sentí extraña. Normalmente yo no le daba muchas razones a la gente para que me agradecieran cualquier cosa. Y el tono de Luis era sincero.

—Ha sido un placer.

—Y ten cuidado.

—Ya, claro. Tú también.

El resto de la mañana no pude dejar de pensar en Luis. Cuando llegué a casa, ya estaba enamorada de él.

Aquella noche no pude dormir. No hice más que dar vueltas y vueltas en la cama sin poder conciliar el sueño, mientras le echaba todas las culpas al endemoniado Cupido.

¿Quién diablos enseñó a disparar al angelito? Pasaron los meses, y los ataques contra Luis fueron en aumento. Cada vez

---

1 **un defensor** up que protege y defiende – 4 **afilado** hiriente, que hace daño con las palabras – 8 **un bofetón** golpe en la cara con la mano abierta (Ohrfeige) – 9 **un puño** mano cerrada – 10 **salvado por la campana** coloq en el último minuto – 11 **un timbre** Klingel – 15 **retener** detener, parar – 15 **agarrar** sujetar, coger – 20 **agradecer** dar las gracias – 28 **conciliar el sueño** loc conseguir up dormirse – 29 **endemoniado** malo, perverso – 31 **en aumento** creciendo, cada vez más

que intentaba sacar el tema, él no respondía, replicaba que no le gustaba hablar de eso conmigo. Sí, hablábamos casi todos los días, y él solía decir que mi compañía era lo único que le hacía soportable el colegio. Y por supuesto, cada vez que hacía uno
5 de esos comentarios, algo cálido que no llegaba a identificar me recorría por dentro. A veces me entraban ganas de pegarles una paliza a todos ellos, a Álex, a Gabi, a Mario, incluso a Juan Carlos y a Estrella, que a pesar de que nunca le hacían nada a Luis, tampoco se molestaban en defenderle. Hasta que me
10 encontré en la misma situación que ellos. Era un día de abril, después de las vacaciones de Semana Santa. Faltaban poco más de dos semanas para que acabara el curso y empezara la carrera hacia la selectividad. En un cambio de hora, entre clase y clase, aproveché para ir al lavabo. Atravesé el largo pasillo al
15 que daba nuestra aula y bajé a la planta donde se encontraban los baños. Creo que no tardé ni dos minutos; sin embargo, cuando salí los encontré esperándome.

Me quedé paralizada. Álex y varios amigos suyos, cinco en total.

20 —¿Qué tal, Alicia? Hace mucho que no hablamos.

—Todo bien, gracias, aunque voy a llegar un poco tarde. ¿Te importaría dejarme pasar?

Mi último comentario iba dirigido a Mario, que, con una pierna extendida, bloqueaba el estrecho pasillo.

25 —Solo quería comentarte una cosa —replicó Álex con tono casual—. Dame un voto de paciencia.

—Lo siento, tengo esos votos agotados desde hace tiempo.

Oí cómo uno de sus amigos soltaba un resoplido. Él solo se rio.

---

1 **replicar** responder, contestar – 4 **soportable** llevadero, que se puede aguantar –
5 **cálido** caliente – 6 **pegar** golpear (schlagen) – 7 **una paliza** serie de golpes dados a
up – 13 **una carrera** Rennen – 14 **un lavabo** baño – 14 **atravesar** cruzar – 15 **una planta**
piso – 24 **extendido** ≠ doblado (langgestreckt) – 26 **dar un voto de paciencia a up** tener
paciencia con up – 27 **agotado** terminado, no hay más – 28 **un resoplido** sonido fuerte
al respirar

—Me encanta esa habilidad que tienes para soltar siempre un comentario ingenioso —afirmó—. Pero, al grano, necesito que me hagas un pequeño favor.

—¿Qué favor? —pregunté, entre curiosa y cauta.

5 —Un montaje fotográfico. He oído que eres buena con el ordenador, así que me preguntaba si podías retocar un par de imágenes para mí. Estoy haciendo un álbum de este curso, ¿lo sabías?

Eso no me importaba mucho hacerlo. Me gustaba trabajar 10 con los programas de retoque fotográfico. No tenía por qué negarme, a no ser que...

—Además, creo que te gustarán mis fotos —continuó Álex—. Tu mejor amigo o, mejor dicho, tu único amigo, sale muy guapo en ellas.

15 —Eso sí que no.

Me faltó poco para ponerme a gritar.

—¿No, qué? —la cara del chico tenía una expresión de falsa inocencia, como si no supiera de lo que le estaba hablando.

—¡No voy a ayudarte a hacerle daño a Luis!

20 Suspiró.

—Una pena. Habría sido todo mucho más fácil si lo hubieras hecho voluntariamente —dijo, y se volvió hacia el resto de sus amigos—. Chicos, podéis volver a clase. Aquí me basto yo solo.

Los cuatro empezaron a caminar. Algunos le lanzaron 25 miradas y gestos de complicidad a Álex, que él no les devolvió. Al final nos quedamos los dos solos y, curiosamente, solo entonces empecé a sentir pánico en mi interior.

—Ayer estuve hablando con una vieja amiga mía, ¿sabes? Hacía como tres años que no la veía.

30 —¿Ahora me vas a hablar de tus problemas amorosos?

—Dijo que te conocía —me contó él, burlón—. Se llama Isabel Valverde. Iba a tu antiguo colegio, ¿verdad?

---

2 **ingenioso** geistreich – 2 **ir al grano** *loc coloq* ir a lo importante – 4 **curioso** neugierig – 4 **cauto** precavido, cuidadoso – 6 **retocar** hacer cambios en una foto o dibujo – 10 **un retoque** → retocar – 24 **lanzar** echar (werfen) – 31 **burlón** mostrando burla, sarcástico

Todo mi cuerpo se congeló.

Si le pudiera dar un nombre al demonio ese sería, sin duda, Isabel. Estoy segura de que Álex vio cómo me quedaba blanca, con mis ojos saliéndose de sus órbitas. Mi cabeza dejó de
5 funcionar, paralizada, como en un *déjà vu*. Siempre me ocurría lo mismo cuando se trataba de ella.

Mi compañero, viendo el efecto que sus palabras tenían en mí, siguió hablando.

—Me contó muchas cosas sobre vosotras dos, cosas que os
10 pasaron el año pasado.

—¿Qué quieres, Álex? —le interrumpí.

Él sonrió con satisfacción al ver mi nerviosismo.

—Aquí lo que importa es lo que quieres tú —dijo dando un paso hacia mí—. Tú quieres que nadie se entere de aquello y
15 que no se repita, ¿verdad? Entonces solo tienes que hacer lo que te digo. En un par de días te pasaré las fotos y te daré más indicaciones.

Echó a andar, dispuesto a marcharse, pero yo se lo impedí por última vez.

20 —¿Por qué quieres que lo haga yo?

Él me miró divertido.

—Eres buena con los ordenadores, ¿no?

—Eso ya me lo has dicho. Pero un montaje fotográfico es algo que cualquiera puede hacer. Además, Luis siempre me
25 dice que tenga cuidado contigo, porque eres mucho más listo de lo que aparentas.

De repente, un rictus de rabia transformó la cara de Álex. No lo entendí, me pilló totalmente por sorpresa. ¿Qué le pasaba? ¿Por qué le había molestado tanto mi comentario? Se
30 recompuso rápidamente, pero un aura asesina persistía en el ambiente, y sus ojos... había una sombra en ellos que no deseo volver a ver jamás.

---

1 **congelarse** *aquí:* no poder moverse – 3 **quedarse blanco** *loc* no tener color en la cara – 4 **salir los ojos de su órbita** abrirlos mucho – 14 **enterarse de uc** saber uc por primera vez – 15 **repetir** volver a pasar – 18 **echar a + INF** *períf* ponerse, empezar a – 18 **impedir** no dejar hacer uc – 26 **aparentar** parecer ser – 27 **un rictus** expresión de la cara – 30 **persistir** continuar

—¿Así que Luisito cree que me conoce? —dijo—. Sí, soy perfectamente capaz de hacerlo por mí mismo. Pero es mucho más divertido encargártelo a ti.

—¿Por qué? —pregunté.

5 —Estás colada por él.

Así me lo dijo. Sentí un golpe en el estómago, como si alguien me estuviera dando una paliza. No me encontraba preparada para escuchar aquello, a pesar de que yo ya lo sabía, y mira que solía ser muy torpe con mis propios sentimientos.

10 —¿Te parece divertido jugar con las emociones de los demás, Álex?

Él sonrió.

—No se me ocurren mejores piezas de ajedrez.

Cuando volví a clase, apenas me enteré de la bronca que 15 me echó mi profesor por llegar tarde. El pensamiento que martilleaba en mi cabeza era que necesitaba hablar con Luis sin que Álex lo viera, y que tenía que hacerlo lo antes posible.

Llegué a mi pupitre y, disimuladamente, saqué mi móvil y busqué en la agenda el teléfono de Luis.

20 *Necesito hablar contigo fuera del colegio. Es urgente.*

Enviar mensaje.

Vi cómo se llevaba una mano al bolsillo y sacaba el teléfono. Cuando acabó de leer el mensaje, se dio la vuelta y buscó mi mirada. Sabía que estaba preocupado, porque me había visto 25 volver a clase acompañada de su némesis. Sus dedos fueron rápidos pulsando las teclas.

¿Quedamos a las cinco en el Retiro?

Yo lo miré y asentí con la cabeza.

Todas las piezas del ajedrez particular de Álex ya estaban 30 sobre el tablero. Lo que él no sabía es que yo no tenía intención de dejarle jugar con Luis ni conmigo. A las cinco aproximadamente llegué al sitio donde habíamos quedado en vernos, justo delante del embarcadero. Hacía buen tiempo y

---

13 **una pieza de ajedrez** Schachfigur – 16 **martillear** golpear – 25 **un némesis** up que busca *venganza* (Rache) – 30 **un tablero** tabla para jugar al ajedrez – 33 **un embarcadero** puerto para botes

estaba bastante concurrido. Pasé delante de varios puestos en los que exponían grabados de Madrid, un par de chicos de unos veinte años que hacían pompas de jabón gigantes que algunos niños intentaban coger en el aire y un teatro de marionetas.

5 Por lo que pude escuchar, en él se estaba representando una versión adaptada de *La Tempestad*. Sí, estaba en el Bachillerato Tecnológico, pero, aun así, sabía distinguir una obra de Shakespeare. En un banco, mirando las barcas que recorrían la superficie del estanque, estaba Luis. En cuanto me vio, se

10 levantó y salió a mi encuentro.

Su alegría al verme hizo que yo también me pusiera de buen humor.

—Lo siento, he llegado un poco tarde —me disculpé—. ¿Llevas mucho esperando?

15 —Un poco. Así que ahora te toca recompensarme.

—¿Con qué?

Por mi cabeza pasaron todo tipo de imágenes, pero ninguna coincidió con lo que quería mi compañero.

—Te vas a montar conmigo —dijo señalando al lago—.

20 Hace mucho tiempo que quería hacerlo, pero Juan Carlos odia las barcas.

—Está bien. Pero tú remas.

Eso fue lo que le dije, aunque acabé cogiendo yo los remos porque Luis era incapaz de ir recto.

25 Fue una tarde que nunca olvidaré. No paramos de reírnos, por una cosa o por otra, y al final acabamos empapados. Cuando Luis remaba iba chocando con las demás barcas, y hubo un pato que se subió a uno de nuestros remos. ¡No conseguíamos espantarle! Creo que hacía tiempo que ninguno

30 de los dos nos lo pasábamos así de bien, lo que demuestra que

---

1 **concurrido** con mucha gente – 1 **un puesto** pequeña tienda de un mercado – 2 **un grabado** litografía – 3 **una pompa de jabón** Seifenblase – 5 **representar** aufführen – 6 **La Tempestad** *Der Sturm*, última obra de teatro de Shakespeare – 7 **distinguir** diferenciar – 9 **un estanque** pequeño lago artificial – 15 **recompensar a up** premiar – 22 **remar** mover los *remos* (Ruder) – 26 **empapado** muy mojado – 28 **un pato** Ente – 29 **espantar** asustar

siempre, incluso en las peores épocas, puede haber momentos que merece la pena recordar.

Cuando conseguimos llegar al centro del lago, solté los remos, me tumbé a lo largo del bote y miré un cielo que recuerdo que no tenía ni una nube.

No quería contarle a Luis lo que me había ocurrido por la mañana. No quería estropear aquella tarde de fantasía con la pesadilla que él estaba viviendo. Y así lo expresé en mis palabras.

—Ojalá pudiéramos quedarnos así para siempre.

—Eso es imposible —no podía verle la cara, pero el tono de mi compañero sonaba algo nostálgico—. El mundo siempre encuentra la manera de decirte «despierta».

Desde la orilla nos llegó el sonido de uno de los altavoces del teatro de marionetas, que anunciaba una nueva representación.

—Ali —tenía la manía de llamarme así—, ¿qué querías decirme? ¿Qué te ha pasado esta mañana?

Yo me incorporé, haciendo que el bote se tambaleara un poco, y lo miré a la cara.

—Álex me ha pedido que retoque unas fotos tuyas.

No dijimos nada durante unos instantes porque no hacían falta más palabras.

—¿Te ha amenazado con hacerte lo mismo que a mí?

Luis pronunció aquello con un hilo de voz. Yo bajé la mirada.

—No exactamente.

—¿Entonces?

—Él conoce a alguien de mi antiguo colegio y sabe lo que pasó allí.

Lo miré a los ojos y no sé qué expresión puse en aquel instante, pero hizo que él empezara a angustiarse.

---

4 **un bote** barca pequeña – 14 **una orilla** límite o extremo de uc *p ej* un río –
15 **un altavoz** aparato para aumentar el sonido – 19 **incorporarse** levantarse –
19 **tambalearse** moverse de un lado para otro inestable – 25 **un hilo de voz** muy bajo, casi sin voz – 32 **angustiarse** sentir angustia

—No tienes que contármelo si no quieres.

Me sonó a una frase de una película americana. Yo quería decírselo. Quería que él me conociera mejor.

—Había una chica en mi clase... Se llama Isabel y es a la
5 que Álex conoce. Yo nunca había hablado mucho con ella, pero... el caso es que cuando empecé el Bachillerato, comenzó a jugarme malas pasadas. Mis deberes o mis libros aparecían rotos, mi ropa acababa en la papelera después de gimnasia... Una vez que estaba en el baño, atrancaron la puerta desde
10 fuera y estuve allí encerrada durante dos horas —hice una pausa mientras antiguos recuerdo pasaban por mi mente—. Ese año fue horrible.

Poco a poco, mis fuerzas menguaban y ya no era capaz de defenderme. Mi madre se dio cuenta y por eso cambié de
15 colegio.

Luis escuchaba atentamente mis palabras, sin perderse ningún detalle.

—¿Y nadie de tu clase te defendió? —preguntó.

—Ella empezó a expandir falsos rumores sobre mí y en poco
20 tiempo fue como si toda la clase pensara que yo me merecía lo que Isabel hacía. Y lo más irónico es que yo nunca supe por qué ella me estaba tratando así o qué tenía en contra mía. Antes de aquello, las veces que habíamos hablado podían contarse con los dedos de una mano.

25 —Puede que te tuviera envidia por algo.

Yo me encogí de hombros.

—No creo, la verdad.

—Solo era una teoría.

Contemplé un pez que pasaba al lado de nuestra barca.
30 Hacía tiempo que esta se encontraba totalmente parada, al contrario que las demás que pasaban a nuestro alrededor.

---

7 **jugar una mala pasada a up** *loc coloq* tener mal comportamiento de una persona a otra – 8 **una papelera** Papierkorb – 9 **atrancar** cerrar – 13 **menguar** disminuir, hacerse más uc pequeña – 19 **expandir** propagar, extender – 19 **un rumor** noticia sin confirmar que corre entre la gente – 25 **la envidia** deseo de uc que tiene otra persona y uno no

—¿Crees que Álex te tiene envidia? ¿Por eso hace todo esto? —le pregunté a Luis.

Él negó despacio con la cabeza.

—Él tiene una razón concreta para odiarme —dijo—. El año 5 pasado ocurrió algo… bueno, le hice algo por lo que nunca me va a perdonar.

—No puede ser tan gordo como para que te merezcas todo esto.

—Con él no va lo del ojo por ojo y diente por diente —afirmó 10 Luis—. Si le molestas, te hunde. Es su filosofía.

Hubo un momento de silencio.

—Cuando habló conmigo… fue aterrador —comenté casi en un susurro—. ¿Por qué tenía que pedírmelo a mí?

—Por lo mismo que reveló que era Juan Carlos el que había 15 sacado aquellas fotografías al principio del curso, ¿recuerdas? Porque si yo sé que quien me ataca es alguien a quien quiero, me hace más daño.

—Pero si…

Justo cuando había empezado la frase, mi mente dio la señal 20 de alarma.

¿Había dicho querer?

—¿Yo te gusto?

Vi que Luis primero se ponía blanco ante mi pregunta, y luego, rojo. Lo juro, su cara cambió de color en cuestión de 25 segundos. Y no hay ni que decir que en mi tripa no es que hubiera mariposas. No, yo creo que lo que había ahí dentro eran pirañas como mínimo.

—¿Qué?

—¡Has dicho que me quieres!

30 —Yo… yo no he dicho nada de eso —tartamudeó Luis—.

Tú oyes voces.

---

7 **gordo** *aquí:* grave, importante – 12 **aterrador** que da mucho miedo (→ terror) –
14 **revelar** dar a conocer – 24 **en cuestión de** tan solo en – 25 **una tripa** *Esp coloq*
barriga

—¡Que esto no es *El sexto sentido*! ¡He oído perfectamente lo que has dicho!

—¡Pero no te pongas de pie que nos vamos a...!

Así es. Esta es la historia de aquella ocasión en la que casi
5 me ahogo en el estanque del Retiro.

Una vez, Luis me dijo que él había estado con bastantes chicas antes de conocerme, pero yo había sido la primera a la que realmente había llegado a querer. Yo me reí cuando escuché aquello, y no me lo creí, pero hay que reconocer que el
10 comentario fue bastante bonito.

Aquella tarde fuimos la risa de todo el Retiro, pero nosotros también nos reímos bastante intentando volver otra vez a la barca. Cuando lo conseguimos, remamos hasta la orilla (ya estábamos más que hartos de ver agua a nuestro alrededor), y
15 Luis, a pesar de estar empapado, se ofreció para acompañarme a casa. Y así echamos a andar, chorreando, pero más felices que unas perdices.

No hablamos casi nada en el paseo, pero yo iba recordando las palabras de Luis, su expresión. Ahora lo sabía:
20 Mis sentimientos (que yo había intentado enterrar en un rincón de mi mente) eran inexplicablemente correspondidos.

Y el cómo, cuándo y porqué podían esperar. Solo quería disfrutarlo.

Carpe diem, amigos.
25 Cuando llegamos a mi puerta, antes de que él pudiera decir nada, le pedí el número de teléfono de Álex.

—¿Para qué lo quieres? —me preguntó.

—Esta noche le enviaré un mensaje. Rechazaré su amable oferta.
30 —Deberías hacer lo que te pide.

—¿Desde cuándo me das órdenes?

---

1 **el sexto sentido** película de fantasmas – 5 **ahogarse** dejar de respirar *p ej* con agua –
14 **harto** cansado, fastidiado – 16 **chorrear** dejar caer agua – 21 **correspondido** que son
iguales – 24 **Carpe diem** *lat loc* aprovecha, vive el momento

Nada más pronunciar aquellas palabras vi la sombra que le cruzó por la cara. Así que, intentando calmarle un poco, le puse una mano sobre la mejilla y me acerqué a él. No me sentía cómoda en aquella situación, porque normalmente soy de las que evitan el contacto físico, pero con Luis era otro asunto.

—Deja ya de preocuparte por mí —le pedí con suavidad—.

Ya te lo dije una vez: fui criada por lobos, podré manejar esto. Además, me sentiría peor si hiciera lo que Álex me pide, que si lo rechazo y asumo las consecuencias. Entiéndelo, por favor.

Luis sonrió, muy levemente, y cubrió mi mano con la suya, como si no quisiera dejarme ir. Y después me recorrió el rostro con la mirada, igual que había hecho aquel primer día que me acerqué a hablarle. Seguía poniéndome nerviosa, pero al menos ya sabía leer un poco mejor en sus ojos.

Ya conocía perfectamente al chico que tenía delante de mí, el que pensaba bien de todo el mundo, el que odiaba estar solo, el que se preocupaba por los demás cuando debería estar pensando en él mismo.

El que me había conseguido cambiar desde dentro.

—Ten cuidado —me dijo solamente.

—No, tenlo tú.

Él asintió y, despacio, se separó de mí. No pude dejar de notar que tenía la sonrisa más amplia que le había visto en meses.

—Me voy. Te veré mañana en clase.

—Mándame un mensaje en cuanto llegues a casa.

Me di la vuelta para meter las llaves en la cerradura, cuando le oí gritar mi nombre por última vez.

—¡Alicia!

---

2 **calmar** tranquilizar – 7 **manejar** controlar, dirigir – 9 **asumir** responsabilizarse de uc, aceptarlo – 28 **una cerradura** mecanismo *p ej* de una puerta para meter la llave (→ cerrar)

Por un momento temí que mi madre se asomara al balcón para mirar, pero lo olvidé cuando me giré y vi a Luis parado a diez metros de mí, todavía con el pelo mojado.

—¡Dime!

5 Noté cómo sonreía maliciosamente.

—¡La próxima vez que salgamos te beso!

Será...

—¡Y yo te voy a asesinar, idiota! ¿Tienes que gritarlo para que se entere toda la calle?

10 Luis, todavía entre carcajadas, echó a correr. Y sí, reconozco que, a pesar de mi amenaza, recuerdo aquella escena con cariño.

Subí las escaleras que llevaban a mi casa en el segundo piso, de dos en dos.

15 Tenía un mensaje urgente que enviarle a Álex.

A la mañana siguiente, cuando entré en clase, adiviné que algo iba mal. Todos me miraron cuando atravesé la puerta.

Busqué a Luis y lo encontré delante de mi pupitre. Y supe lo que había pasado, porque ya lo había vivido. Llegué a mi 20 sitio lo más rápido que pude y lo vi, ocupando toda mi mesa, pintado en rotulador permanente.

Juro solemnemente que mis intenciones no son buenas. Lo vas a lamentar, zorra.

---

1 **temer** tener miedo – 1 **asomarse** sacar, salir hacia afuera – 3 **mojado** ≠ seco –
8 **asesinar** matar a up – 16 **adivinar** saber uc antes – 23 **una zorra** *aquí: insulto*: puta

V

Mi nombre es Roberto. Yo soy el profesor que intentó pararlo todo cuando los padres de Luis me pidieron ayuda, y que no lo consiguió. Reconozco que cuando era más joven tuve mucha
5 suerte. Nada más salir de la universidad, conseguí un trabajo que reunía mis dos grandes pasiones: la enseñanza (me gusta la idea de transmitir conocimientos a las personas encargadas de construir el futuro) y los ordenadores. Cuando me ofrecieron un puesto de profesor de Informática en un colegio,
10 salí a celebrarlo con mis amigos de la facultad. Y recuerdo que uno de ellos me dijo que yo tenía mucho valor al aceptar ese trabajo, porque los adolescentes y los ordenadores eran una mezcla explosiva.

Años más tarde comprobé que esa afirmación era cierta,
15 debido a lo que le pasó a uno de mis estudiantes de segundo de Bachillerato, Luis.

Yo creo que el problema reside en que las nuevas generaciones, los jóvenes de hoy en día han nacido cuando la informática, internet y demás ya estaban desarrollados, y por
20 eso no les tienen miedo a estas tecnologías. No creáis que es una crítica, sino más bien al contrario. Este desarrollo está abriendo un mundo de infinitas posibilidades para los nuevos artistas que se quieren dar a conocer, para el periodismo, las empresas, los viajes, la enseñanza… vamos, en cualquier
25 área que pueda uno pensar. Y eso es algo que siempre me ha fascinado y fue lo que impulsó que estudiara Ingeniería Informática en su día. Pero de lo que pude darme cuenta, cuando me enteré de todo lo que ocurría con Luis, era de que los adolescentes, en ocasiones (no quiero decir que ocurra
30 siempre), usan internet como un arma. Todas esas conexiones

---

7 **encargado** que tiene una tarea (→ encargar) – 17 **residir** estar, encontrarse –
19 **desarrollado** evolucionado, perfeccionado – 22 **infinito** sin fin, incontable – 24 **la enseñanza** educación – 26 **impulsar** motivar – 30 **un arma** f Waffe

que hay entre ellos, como las redes sociales, los blogs o incluso las direcciones de correo electrónico, pueden llegar a convertirse en una trampa. A veces no se dan cuenta de que al otro lado de la pantalla, aunque no puedan mirarla a la cara,
5 hay una persona con sentimientos.

Una tarde de febrero, recibí una llamada de los padres de Luis, gracias a la cual me enteré de todo lo que estaba ocurriendo en la clase de la que yo era tutor, la de los alumnos de segundo curso que estudiaban el Bachillerato Tecnológico.
10 Ellos me hablaron de los correos amenazantes que su hijo había recibido y me pidieron ayuda. Yo les dije que hablaría con Luis y con los demás estudiantes, y que dentro de poco volvería a contactar con ellos. Estoy seguro de que mis palabras no los ayudaron mucho, porque ni siquiera a mí me sonaron
15 convincentes. Aquella noche la pasé en gran parte en vela, pensando en cómo iba a ayudar a mi alumno. Hablando con los padres de Luis me había sentido inseguro, y ellos habían tenido que notar mi inexperiencia. Aquel año iba a cumplir treinta y uno. Sabía que era difícil tratar con los estudiantes
20 de segundo de Bachillerato. La selectividad, su elección de futuro, las presiones de padres y profesores, todo ello cuando todavía no han dejado de ser adolescentes con sus típicas preocupaciones, los convierten en auténticas bombas de relojería a punto de estallar. Mi mayor temor era que, al hablar
25 con la clase, solo consiguiera empeorar la situación de Luis.

Sé que como profesor no debería tener preferencias, y eso intento en mi trato con los alumnos, pero Luis era uno de esos chicos a los que disfrutas enseñándoles. Aprendía rápidamente, y notabas en él esas ganas de conocer, de saber,
30 incluso un punto de perfeccionismo que lo hacía esforzarse al máximo.

---

15 **convincente** creíble, firme (→ convencer) – 15 **pasar una noche en vela** *loc* sin dormir – 23 **una bomba de relojería** bomba que explota en un momento determinado – 24 **estallar** explotar – 25 **empeorar** hacer peor, dificultar – 27 **el trato** comportamiento – 30 **esforzarse** intentar dar lo mejor de uno

Pero ese tipo de alumnos, a pesar de que Luis parecía llevarse bien con todos, era el más propenso a recibir las burlas y el desprecio de sus compañeros. Realmente quería ayudarle, pero no tenía ni idea de cómo. Y mis buenas intenciones eran inútiles sin un plan de acción. Resolví que a la mañana siguiente, durante mis clases, estudiaría las relaciones entre Luis y el resto de la clase, para conocer mejor la situación. También tendría que hablar con el chaval, aunque no estaba muy seguro de que fuera a aceptar mi apoyo. Todavía con la cabeza llena de cosas, apagué las luces de mi pequeño apartamento, me metí en la cama e intenté dormir.

Como os podéis imaginar, a la mañana siguiente, yo esperaba con bastante impaciencia que llegara la hora que me tocaba con la clase de Luis en el aula de Informática.

La semana anterior les había estado explicando toda la teoría necesaria para crear una página web, y en aquellas clases les estaba dejando tiempo para que, con los ordenadores y bajo mi supervisión, fueran creando la suya propia. En mis clases me gusta hacer ese tipo de proyectos que intentan desarrollar la creatividad de mis estudiantes. Este método funcionaba muy bien, sobre todo con los de segundo. Aquellas horas yo paseaba entre los ordenadores de los alumnos, miraba los temas y diseños que desarrollaban en sus webs, algunos, tenía que admitirlo, absolutamente brillantes. Quizá no tan complicados como los que yo hubiera podido hacer, porque no poseían tantos conocimientos, pero mucho más imaginativos. Entre paseo y paseo, mientras resolvía dudas y daba consejos, observaba a Luis. Lo primero que me llamó la atención fue que la única persona con la que hablaba era la chica que estaba sentada a su lado y que era mi alumna más brillante, Alicia. En los primeros meses de curso ella no se había relacionado con nadie, pero desde hacía un tiempo parecía llevarse bien con Luis. Me pregunté si eso había tenido algo que ver con el acoso

---

2 **propenso** que recibe con facilidad uc, vulnerable – 18 **una supervisión** control, vigilancia, guía – 26 **imaginativo** con fantasia (→ imaginar)

que su compañero estaba sufriendo. Era lo más probable. Escruté el comportamiento de Luis, estudié su rostro. Por un momento deseé que mi hermana mayor, psicóloga y más experimentada que yo, estuviera allí para aconsejarme. Sí
5 que era verdad que parecía un poco apagado, aunque pude ver cómo algunos de los comentarios que su vecina le hacía le conseguían sacar alguna débil sonrisa. Supuse que Luis también tendría aquella habilidad, especialmente desarrollada en algunos adolescentes, para esconder que le pasaba algo.
10 Decidí caminar hasta su sitio para supervisar el trabajo que los dos estaban haciendo.

—¿Qué tal lo lleváis, chicos?

Primero miré el proyecto de Alicia, que era realmente interesante. Se trataba de una página dedicada a niños de
15 Primaria para que aprendieran inglés, con un montón de juegos y materiales, como canciones, dibujos que ella misma había creado con un programa de animación del ordenador, o varios diccionarios.

—¿Qué te parece, Roberto? —me preguntó ella mientras yo
20 probaba varias de sus aplicaciones.

—Creo que los profesores del colegio se morirán por usarla —la alabé—. Está muy bien, Alicia. Los materiales son buenos y el diseño y el método de uso parecen muy atractivos para un niño pequeño.
25 Luego examiné el trabajo de Luis. Este era un poco más simple que el de su amiga, pero la idea se me antojó muy original. La página de inicio era un mapa de Europa, en el que aquel que entraba debía hacer clic sobre el país al que le gustaría viajar. Al pinchar, te aparecía otra página secundaria,
30 con los monumentos y los lugares más emblemáticos de aquella nación.

---

2 **escrutar** observar, explorar, examinar – 2 **un comportamiento** forma de actuar –
4 **aconsejar** dar consejos – 5 **apagado** up triste – 10 **supervisar** → supervisión –
14 **dedicado** hecho en especial – 22 **alabar** loben – 26 **antojarse uc a up** parecer –
30 **emblemático** significativo, representativo

Fui recorriendo varios países, viendo que todavía faltaban por perfeccionar algunas cosas, pero en general funcionaba bien.

—Quería hacerlo del mundo entero, pero creí que no me iba a dar tiempo —me dijo Luis—. Así que decidí centrarme en Europa.

—Has hecho bien. Prefiero que hagas algo más pequeño, pero con un buen acabado.

—¿Hay algo que tenga que mejorar?

—En las páginas secundarias deberías poner un botón que te llevara de vuelta al mapa —sugerí—. Y quizá más imágenes, para que sea más visual. Pero la idea me ha gustado, te está quedando muy bien.

Pude ver cómo agradecía mis felicitaciones con una expresión de complacencia, aunque no era tan brillante como las que solía exhibir un año atrás. Luis siempre había sido de esos estudiantes que necesitaban el reconocimiento de que hacía las cosas bien.

—Hay que tenerlo acabado para el viernes, ¿verdad? —preguntó Alicia.

—Sí, así que no os confiéis. Vosotros vais más adelantados que el resto, pero no perdáis mucho el tiempo —les advertí—.

Os dejo trabajar. Si tenéis alguna duda, llamadme, ¿de acuerdo?

Los dos asintieron con un gesto casi idéntico y se volvieron a enfrascar en las pantallas de sus ordenadores.

Los siguientes minutos de la clase los pasé enfrascado en mis pensamientos.

No sabía qué hacer. El único indicio que tenía de que Luis estaba sufriendo algún tipo de acoso era la llamada de sus padres, y aunque yo sabía que era cierto, porque ellos no tenían ninguna razón para mentir, en la clase no se podía

---

4 **entero** de todo, completo – 8 **un acabado** perfeccionamiento final de *p ej* un trabajo – 15 **complacencia** alegría por uc – 16 **exhibir** mostrar – 17 **un reconocimiento** conformación explícita (Anerkennung) – 21 **confiarse** pensar en exceso que se hace uc muy bien – 21 **adelantado** por delante de uc o up – 26 **enfrascarse** concentrarse mucho

notar ninguna señal de que algo ocurría. Y sin tener más información, como quiénes eran los alumnos implicados, por qué hacían lo que hacían y cómo de lejos había llegado este asunto, yo no podía hacer nada, ¿verdad? Pero tampoco podía

5 preguntar directamente a mis alumnos, porque entonces harían lo que siempre hacen: protegerse los unos a los otros frente al profesor. Resumiendo: estaba bloqueado.

Sin embargo, cuando quedaban quince minutos para que la clase terminara, tuve lo que podría denominarse

10 como un golpe de suerte. Al menos sirvió para precipitar los acontecimientos.

Yo acababa de ayudar a otro de mis estudiantes a ponerle algunos sonidos a su web, cuando vi a varios de los chicos alrededor de un ordenador. Era el ordenador de uno de mis

15 alumnos más (¿cómo decirlo?) especiales. Sería mejor llamarlo problemático.

Álex. A su lado, de pie, estaban dos amigos suyos: Gabriel y Mario.

Eso no fue lo que me llamó la atención. Después de todo, en

20 mis clases dejaba que los chicos se levantaran y hablaran entre ellos, siempre que no armaran mucho follón. Un estudiante no tiene por qué aprenderlo todo de sus profesores, sino que también entre ellos pueden intercambiar conocimientos. No, el problema en ese momento radicaba en que en la pantalla

25 del ordenador de Álex no había ningún programa de creación de páginas web, sino lo que parecía el correo electrónico.

Casi todos los días pillaba a algún estudiante haciendo algo parecido, así que en un principio no me sorprendió. Soltando un suspiro (¿de verdad los estudiantes se piensan que los

30 profesores no tenemos ojos en la cara?), me acerqué a ellos por detrás.

Estaban tan concentrados en el monitor que se sobresaltaron al escuchar mis palabras.

2 **implicado** relacionado, metido en un asunto – 9 **denominarse** llamarse – 10 **un golpe de suerte** suceso extraordinario repentino – 10 **precipitar** hacer que uc pase antes de tiempo – 21 **armar follón** *Esp coloq* organizar, causar discusión o ruido – 24 **radicar** ser el origen, tener como base – 32 **sobresaltarse** asustarse

—¿Se puede saber qué estáis haciendo?

Los tres volvieron la cabeza hacia mí, Álex sentado en su silla y los otros dos de pie.

—Os tengo dicho que no podéis entrar en vuestro correo, ni en redes sociales o cosas así. Las clases no están para eso —aquella bronca me la sabía a la perfección—. No me obliguéis a bajaros puntos en vuestra nota, que con los de segundo me da mucha rabia, y más cuando sois de mi tutoría.

—No lo volveremos a hacer, Roberto —dijo Mario. Era el que mejor media llevaba de los tres y, por lo tanto, el que más tenía que perder.

—Lo sentimos —lo apoyó Gabriel.

Ya, seguro.

—Está bien, chicos. Poneos a...

Fui incapaz de continuar con mis palabras. Mientras las pronunciaba, había echado una rápida ojeada a la pantalla del ordenador, donde el e-mail seguía abierto. No era mi intención leerlo, pero varias palabras allí escritas habían captado mi atención.

Una fue «miedo»; otra, «empollón», y por último, «Luis». Eso fue todo lo que pude leer, porque Álex, apreciando la dirección hacia la que mi mirada estaba orientada, cerró rápidamente aquella ventana. Aun así, no tuve ninguna duda. Aquel era uno de los correos de los que los padres de mi estudiante me habían hablado.

—¿Por qué lo has cerrado? —interrogué a Álex con seriedad.

Me lanzó una mirada desafiante, una de esas que tenía reservadas para los profesores.

—Porque no era asunto suyo —me respondió mientras sus dos amigos le observaban con los ojos muy abiertos.

Siempre me había llamado la atención que en un centro como en el que yo trabajaba, en el que el trato entre estudiantes y profesores era muy cercano, él era el único que nos hablaba

8 **dar rabia** molestar – 16 **una ojeada** mirada breve – 26 **interrogar** preguntar mucho – 26 **la seriedad** serio

de usted. Y más a mí, que era el más joven (y seguramente el más cercano) de todos sus maestros.

Pero no lo hacía como señal de respeto, sino para marcar las distancias. Odiaba que lo relacionaran con cualquier profesor.

5 Con un gesto les ordené a los tres que salieran fuera de clase. Ellos lo hicieron, acompañados del silencio y de las miradas de sus compañeros. Pude ver cómo Alicia se acercaba al oído de Luis y le comentaba algo, a lo que él respondía afirmando con la cabeza.

10 Me quedé un momento parado en medio del aula, reflexionando acerca de lo que debía hacer. Quería hablar con los tres, pero no estaba muy seguro de que pudiera hacerles contestar a mis preguntas o influir algo en sus conductas para convencerlos de que pararan con lo que fuera que estaban 15 haciendo.

Ciberacoso. Casi sonaba como una palabra de ciencia ficción. Inspiré e, intentando tranquilizarme, también salí de la clase, después de indicar a los demás alumnos que siguieran trabajando. Gabriel, Mario y Álex estaban sentados en el 20 pasillo y se levantaron precipitadamente en cuanto vieron que la puerta se abría.

Gabriel y Mario tenían los ojos clavados en el suelo. Álex, sin embargo, me miraba directamente. Aquel chico me infundía respeto, incluso más que personas de mi edad. Decidí ir al 25 grano.

—Sé lo que era ese e-mail que estabais escribiendo y sé a quién iba dirigido. He tenido noticias de ello hace poco. No respondieron. Lo único que pude obtener fue un gesto de Álex, que parecía estar diciendo: «¿Y...?».

30 —¿Os dais cuenta de la gravedad de lo que estáis haciendo? —continué.

Mario carraspeó.

---

2 **un maestro** profesor de Primaria – 3 **marcar las distancias** *loc* evitar una relación cercana con up – 13 **influir** tener influencia sobre uc o up para cambiarla – 13 **una conducta** comportamiento – 17 **inspirar** tomar aire, respirar – 20 **precipitadamente** rápidamente, con prisa – 23 **infundir** provocar, hacer sentir uc en up – 30 **la gravedad** uc muy importante (→ grave) – 32 **carraspear** toser para aclarar la voz

—Solo es una broma —su tono intentaba sonar calmado, pero la sonrisa le traicionaba. En realidad, los chicos se achantaban cuando tenían que dar explicaciones a un profesor.

5 —Una «broma» puede destrozar por dentro al que se la gastan. Además, sé que no ha sido una broma aislada. Los padres de Luis me llamaron diciendo que estaban preocupados por la cantidad de ese tipo de correos que había recibido vuestro compañero.

10 —Yo no me fiaría de unos padres que leen el correo de sus hijos sin su permiso.

Álex nos sorprendió con su comentario, que dijo en tono casual.

—¿A qué te refieres? —pregunté.

15 —Exactamente a lo que ha escuchado. Luis no es de los que les contarían ese tipo de cosas a sus padres, así que estos se han metido en su e-mail sin que él lo supiera. ¿No fue usted el que nos dio una charla sobre la necesidad de mantener la privacidad en internet?

20 —Me da igual lo que hagan sus padres. Ahora estamos hablando de vosotros y de lo que estáis haciendo, chicos.

—Como quiera. Siga con su bronca, entonces —me respondió burlón.

En ese momento fue como si pudiera ver la muralla. Me 25 refiero a la que Álex había construido a su alrededor para que ninguna persona pudiera influir en él. Era algo que mi hermana solía mencionar cuando me hablaba de algunos pacientes que ella trataba, la imposibilidad de poder ver dentro de ellos. ¿Qué había que hacer para superar aquella barrera? Encontrar 30 su punto débil.

Algo que, en aquel momento, yo recordé que podía tener en mis manos.

—Gabriel, Mario, ¿os importaría dejarnos solos?

---

1 *gastar* una broma hacer una burla para divertirse sin molestar – 2 **traicionar** *aquí:* mostrar lo que realmente piensa (→ traición) – 6 **aislado** solo, único – 10 **fiarse de uc o up** confiar en – 24 **una muralla** muro que protege un lugar

Pusieron sendas expresiones de sorpresa; aun así, me obedecieron. Oí cómo la puerta se cerraba a nuestras espaldas e intenté recordar las lecciones que mi hermana me había dado para tratar con chicos difíciles («Por si acaso tienes que
5 lidiar con algún alumno que se te sube a las barbas», me dijo), a pesar de que Álex no era el prototipo de adolescente rebelde al que estaba acostumbrado.

—¿Pensando en qué hacer conmigo? —me preguntó con cierta sorna, al ver que yo continuaba callado—. Un profesor
10 de Primaria solía decirme que un día me colgaría por los pulgares de la estatua de la Plaza Mayor.

—Podría ser una opción, pero no era eso lo que quería comentarte —dije, y tomé aire—. Verás, el caso es que el viernes pasado estuve hablando con la encargada de aquellos
15 test psicotécnicos que os hicieron en diciembre. Vi cómo fruncía el ceño, pero me dejó continuar. —De hecho, me dijo varias cosas acerca de tus resultados en los test. Supongo que ya sabes a lo que me refiero.

—Debería haber respondido mal aposta —masculló entre
20 dientes. No entré al trapo.

—Tienes..., no sé el término exacto, pero tienes la mayor capacidad de la clase, o eso me dijeron. Y sin embargo, tus notas no se corresponden con esas habilidades que parece ser que posees.

25 —¿Me lo dice o me lo cuenta? —saltó.

—Modera el tono, que sabes que otros profesores te expulsarían un par de días por comentarios como ese.

Álex estaba empezando a perder la paciencia. Yo intentaba que, por una vez, una palabra mía consiguiera afectar a aquel
30 chico.

---

1 **sendo** *aquí:* grande, amplio – 2 **obedecer** hacer lo que up dice o exige – 4 **por si acaso** falls – 5 **lidiar** luchar, tratar – 5 **subirse a las barbas** *loc coloq* perder el respeto a up superior – 19 **mascullar** *coloq* hablar entre dientes – 20 **entrar al trapo** *Esp loc coloq* responder a provocaciones sin pensar – 23 **corresponder** tener relación con – 23 **una habilidad** capacidad – 27 **expulsar** echar, prohibir ir a la escuela (verweisen)

—Podrías tener las mejores notas de la clase si te esforzaras un poco.

—¿Y para qué?

—¿Es que no tienes ninguna meta para el futuro? ¿No hay nada que quieras hacer o estudiar? —le devolví la pregunta.

Él resopló con cierto cinismo.

—¿Metas? A mí me parece que ya no queda nada de eso en este mundo. Sí, podría sacar una nota perfecta en selectividad, ir a la universidad que quisiera e incluso titularme con honores. ¿Y luego qué? ¿Saltar de oficina en oficina, gastar todo mi tiempo en un sueldo que solo disfrutaré los pocos días en los que consiga vacaciones? ¿Buscar piso, esposa, esperar una jubilación que cuando llegue estaré demasiado viejo o enfermo como para disfrutar? ¿De verdad debería ser esa mi meta para el futuro?

Aquel discurso me dejó impresionado. También ligeramente avergonzado, porque con sus palabras había conseguido resumir mi vida, aquella que había aceptado sin aspirar nunca a más.

Y me di cuenta de que, en cierta medida, había sido injusto al juzgar a aquel chaval, porque seguramente era uno de los chicos más interesantes y con más potencial que habían pasado delante de mí en toda mi carrera como profesor. Aquella visión de la realidad, aquella ambición, la inteligencia tan increíble que ni siquiera él, a pesar de todos sus esfuerzos, podía llegar a ocultar…

Era uno de esos chicos que, si les daba la gana, podían comerse el mundo. Pero con ese cinismo…

—Entonces, ¿qué es lo que quieres hacer?

Una sonrisa auténtica. Por fin. Duró solo un segundo y la noté más en sus ojos que en la comisura de sus labios, pero era

4 **una meta** uc que se quiere conseguir (Ziel) – 9 **con honores** cum laude, calificación máxima – 13 **la jubilación** tiempo después de la vida laboral – 18 **aspirar** desear conseguir uc – 24 **la ambición** propósito firme para conseguir uc (Ehrgeiz) – 27 **dar la gana** *de hacer uc loc coloq* querer – 31 **la comisura de los labios** Mundwinkel

verdadera. No desafiante, ni cínica. —¿Puede creerse que usted es la primera persona que se molesta en preguntarme eso?

—A veces pasa. Cuando yo tenía tu edad, todos los demás querían influir en mí, me recomendaron que hiciera esto o lo otro, y nadie intentó adivinar qué era lo que yo realmente deseaba. Pero yo sí que estoy interesado en lo que piensas hacer, Álex.

Se lo pensó unos segundos, con el ceño fruncido, todavía desafiante. Tratar con aquel chico estaba siendo lo más difícil que había hecho en toda mi carrera como docente.

—Lo único que quiero —dijo al fin mirándome a los ojos— es no aburrirme, Roberto.

Me desarmó.

¿Quién podría tener una réplica contra aquello? —¿Así que ahí es donde entra todo lo que le haces a Luis? Porque entonces, deja que te lo diga, estás siendo realmente cruel. ¿Es eso, puro aburrimiento?

A pesar de mis calmadas palabras, yo estaba inquieto. Ya empezaba a ver que hacer cambiar de conducta a mi estudiante era algo casi imposible.

—En parte —se encogió de hombros—. Pero le aseguro que su protegido no es tan inocente como aparenta. Se podría decir que todo este asunto está relacionado con la venganza y la necesidad de mantener a Luis callado sobre un asunto personal mío que él conoce.

—¿Y el resto de la clase?

—Se me unieron cuando empecé el primer ataque. Solo les interesa la carnaza.

—Carnaza... Por Dios, le estáis destrozando la vida a uno de vuestros compañeros. Las consecuencias psicológicas de esto...

---

4 **recomendar** aconsejar que se haga uc – 13 **desarmar a up** *aquí:* dejar sin argumentos – 14 **una réplica** respuesta – 18 **inquieto** nervioso

Miré a Álex a los ojos. Vi impasibilidad pura, ningún rastro de amargura o arrepentimiento. Y era una lástima, porque dentro de él realmente había cosas que merecían la pena.

—Alejandro Hernández Ventura —utilicé por primera vez su nombre, intentando impregnar mi voz de la autoridad que se suponía que me daba mi rol de profesor, pero ya estaba perdiendo la seguridad en mí mismo—. Si no paras lo que estás haciendo, tendré que pedirle al director que te expulse.

No movió ni un músculo de la cara.

—Hágalo —dijo—. Pero eso no conseguirá que me detenga.

—¿Es que no piensas parar hasta que Luis se hunda? Una vez más se encogió de hombros, impasible. No lo expulsaron.

Fui a hablar con el director el día siguiente a aquella conversación con Álex, y a mi estudiante le acabó yendo todo viento en popa. Le conté todo al viejo director, Esteban, apodado «Terminator» por los alumnos. Le hablé de la llamada de los padres de Luis, de cómo había pillado a esos tres alumnos en mi clase, de la negativa de Álex a parar el acoso. Yo creo que el problema estuvo en que el director no comprendía las secuelas que este tipo de acoso, el *ciberbullying*, podía provocar.

Me dijo que seguramente aquello serían «juegos y bromas que los chavales hacían con los ordenadores». Recuerdo las palabras exactas, porque me hicieron sentir que mi asignatura era despreciada. Esteban era un buen director, pero pude comprobar la poca importancia que le daba a las nuevas tecnologías. Quizá por su edad, o quizá por su personalidad, no se daba cuenta de que en este tiempo tienen el poder de cambiar y de acabar hundiendo a una persona. A un alumno del colegio que él dirigía. Aunque en pocos meses

---

1 **la impasibilidad** falta de capacidad para mostrar sentimientos – 2 **la amargura** tristeza, frustración – 2 **el arrepentimiento** pena por haber hecho o no uc – 5 **impregnar** *fig* empapar, mojar – 10 **detenerse** pararse, dejar de hacer uc – 12 **impasible** indiferente (→ impasibilidad) – 15 **ir viento en popa** *loc* salir todo bien – 16 **apodado** llamado – 16 **Terminator** película de cienca ficción con Arnold Schwarzenegger – 20 **una secuela** consecuencia de uc *p ej* una enfermedad – 26 **comprobar** darse cuenta, confirmar uc

consiguió entenderlo, cuando Juan Carlos... cuando acabó pasando aquello. También tuvo que buscarse otro profesor de Informática. Yo dimití.

3 **dimitir** dejar un trabajo voluntariamente

VI

Mi nombre es Álex. Y no me arrepiento de lo que hice. Yo nunca me arrepiento de nada. Creo que es algo que ya estaba grabado en mi genética, en mi personalidad, nada más nacer.
5 Después de todo, el pasado y el futuro no son más que palabras abstractas, ¿verdad? Lo único que importa es el presente, nada más. Por eso lo de hacer planes no va conmigo. Yo siempre improviso sobre la marcha.

De pequeño ya pensaba que había algo diferente en mí, algo
10 que todos los demás no tenían. Aprendí a leer a los tres años, cuando los demás lo hicieron a los cinco. Lo mismo con las matemáticas y con tantas otras cosas. Era incapaz de entender por qué a mis compañeros les resultaba tan difícil comprender ciertas cosas que para mí eran muy sencillas. Pero era algo que
15 me encantaba, ¿sabéis?, adoraba escuchar a los profesores y a los demás niños felicitándome, diciéndome que yo era muy listo. Tan solo deseaba oírselo decir también a mis padres, algo que nunca conseguí; pero esa es otra historia. No pienso hablar de mis padres. Odio hablar de mis padres. Una vez,
20 cuando cumplí los cinco años, yo estaba en el último curso de Infantil, y me encontraba leyendo los cuentos que había en nuestra clase, mientras las profesoras les intentaban enseñar a los demás cómo se escribía la letra «z». Ese es uno de los pocos recuerdos vívidos que tengo de mi niñez. Estaba leyendo
25 *Peter Pan* (me encantaban los piratas) y, de repente, apareció aquel idiota. Nunca se me olvidará su nombre, porque era especialmente ridículo. Se llamaba Evaristo Flores. Lo sé. Como para demandar a los padres. El tío llegó y me preguntó qué hacía, y yo le dije que leer. Entonces me respondió que qué
30 hacía yo leyendo cuando él todavía no sabía, que yo no podía hacer las cosas antes que él. Y el muy... cogió, me arrancó el

---

8 **sobre la marcha** *loc* según se va haciendo uc − 21 *Educación* **Infantil** fase educativa hasta los 6 años − 24 **vívido** claro y real − 24 **la niñez** infancia − 28 **demandar a** up acusar (anklagen) − 31 **arrancar** quitar uc con fuerza

cuento de las manos y me lo rompió. Rajó las hojas una por una. Adiós, infancia.

Aquel día lo pasé llorando. Pero ahora le estoy agradecido a aquel idiota, porque gracias a él aprendí una gran lección.
5 Supongo que incluso de la persona más estúpida se puede sacar alguna enseñanza de provecho. Si quieres leer cuentos tranquilo, tienes que ser aquel al que nadie se atreve a quitárselos de las manos. Fue en primero de Bachillerato cuando conocí a Luis. Aquel curso lo repetí. No penséis que
10 fue porque no había estudiado lo suficiente, aunque desde que entré en el colegio no toqué un maldito libro de texto, ya que había comprendido que lo de las buenas notas ya no me llenaba tanto como antes. No, aquel curso lo repetí aposta porque quería estar en la misma clase que Estrella. Ella era
15 la amiga más antigua que tenía. Nuestros padres habían sido compañeros en la universidad, y como los dos vivíamos en el mismo barrio, a pocas manzanas de distancia, podría decirse que crecimos juntos. Me conocía mejor que nadie. Yo siempre la había tratado como a una hermana pequeña. Era un año
20 menor, e incluso, a veces, cuando fui creciendo y metiéndome en problemas, intenté alejarla de mí porque no quería que estuviera implicada en los líos que yo mismo me buscaba, pero fue en vano. Y entonces, aquel año en el que ella estaba en cuarto de la ESO y yo cursaba por primera vez primero de
25 Bachillerato, me empecé a dar cuenta de que a pesar de todo ella me miraba como mucho más que a un amigo. Sé que la mayoría de los de mi edad son torpes a la hora de saber qué es lo que piensa una chica de ellos, pero a mí se me da bastante bien adivinarlo. Me divierte leer en los ojos de las
30 personas, aunque la mayoría son demasiado simples como para encontrar algo interesante dentro de sus cabezas. Pero estaba hablando de Estrella. A partir de que yo me diera cuenta de que le gustaba, todo empezó a cambiar porque,

---

1 **rajar** romper en partes – 6 **de provecho** útil, con valor para uc – 9 **repetir** hacer uc otra vez – 13 **llenar** *fig* satisfacer – 17 **una manzana** bloque de viviendas – 23 **en vano** *loc* inútilmente – 24 **cursar** estudiar, hacer un curso

inconscientemente, la comparaba con las demás chicas con las que me había enrollado (la lista era larga, mejor no preguntéis) y pensaba qué sería distinto al estar con ella. Cada vez que hablábamos o estábamos cerca el uno del otro, la atmósfera
5 empezaba a sentirse más... ¿tensa? ¿Excitante, tal vez? Pero de una manera que me gustaba. Era ese tipo de tensión en el que sabes que puede pasar algo en cualquier momento. Y claro, acabó pasando. Fue una tarde en la que nuestros padres quedaron para ver un partido de la liga en el bar, y como
10 Estrella se quedaba sola en casa, me pidieron que me quedara con ella. Desde que entré en aquel piso, cuando la vi con aquel pelo castaño claro que le llegaba por la cintura, sus ojos color miel y aquellos pantalones cortos que me dejaban ver unas piernas perfectas, unas piernas por las que muchos de mi
15 colegio se morían, supe que mi autocontrol (si es que alguna vez he tenido alguno) había dicho basta. Ella había dejado de ser la niña a la que cuidaba cuando íbamos al parque, para convertirse en la chica a la que quería arrancarle la ropa. Me senté en el sofá, intentando disimular una sonrisa. Por fin iba a
20 pasar algo interesante. Mientras, ella se fue a la cocina a buscar algo para beber. Su voz me sacó de mis pensamientos.

—¿Sabes qué? Hace un par de días vino una chica de tu clase a preguntarme por ti —me contó.

Sonreí para mis adentros. Aquello podía ponerse
25 entretenido.

—¿Cuál de ellas?

—La hortera, esa que siempre viste de leopardo.

—¿Hablas de Paula? —dije, mientras ella aparecía por el pasillo con un par de latas de Nestea—. ¿Y qué te ha
30 preguntado?

Era divertido. Mientras Estrella se sentaba a mi lado en el sofá y me pasaba una de las bebidas, pude ver cómo intentaba

---

1 **inconscientemente** sin darse cuenta – 2 **enrollarse** *Esp* tener una relación amorosa corta con up – 5 **tenso** ≠ relajado – 5 **excitante** que despierta el deseo sexual – 6 **la tensión** Anspannung – 24 **para mis adentros** por dentro, interiormente – 27 **hortera** *Esp* vulgar, de mal gusto

aparentar que nuestra conversación no le interesaba. Pero a pesar de que yo la estaba mirando fijamente, sus ojos me rehuían. Primer error. Cuando se miente hay que hacerlo directamente a la cara.

5 —Quería saber si tenías novia —me contestó—. Como sabe que te conozco, vino a preguntármelo, aunque me dijo que no te contara nada.

—¿Y tú qué le respondiste?

—La verdad: que no sales con nadie.

10 Tomé un trago de mi bebida.

—Estás mintiendo —afirmé mientras le ponía la mano sobre la pierna. No hice aquel gesto para intentar acercarme a ella, solo quería parar el tic que tenía Estrella cuando estaba sentada y que le hacía mover la pierna a toda pastilla—. ¿Qué

15 le dijiste realmente? Ella sonrió por primera vez.

—¿Nunca podré mentirte?

—Sabes que no.

—Bueno, es cierto que le conté que no tenías novia —respondió—. Pero también le dije que no se acercara mucho a

20 ti.

—¿Por?

—No eres lo que se dice una buena influencia, Álex.

Eso no podía negarlo. De hecho, aquellas palabras me parecieron todo un cumplido.

25 —Si es así, tú tampoco deberías acercarte mucho a mí. ¿Por qué nunca pones en práctica tus propios consejos? —la cuestioné.

—Responde tú primero. ¿Por qué siempre accedes a quedarte conmigo sin salir de nuestras casas, cuando en

30 realidad preferirías quedar por ahí los sábados por la tarde?

---

3 **rehuir** evitar – 14 **a toda pastilla** *Esp loc coloq* rápidamente – 21 **¿por?** *aquí:* ¿por qué? – 24 **un cumplido** Kompliment – 27 **cuestionar** dudar – 28 **acceder** estar de acuerdo y hacer lo que up quiere

—Buena pregunta —me apoyé en el un respaldo del sofá mientras miraba a la pantalla apagada de la televisión—. Sigues tan lista como siempre, enana.

—Pero nunca tanto como tú, ¿verdad?

5 Ignoré el comentario.

—¿Quién te ha dicho que yo prefiera salir con gente antes que quedarme contigo? Aquí puedo relajarme un poco.

—¿De qué? ¿De interpretar el papel de un tío mucho más idiota de lo que realmente eres?

10 Suspiré y la miré a los ojos.

—Dame un respiro, Estrella —le pedí.

—Me temo que no puedo. Yo soy la única que te conoce lo suficientemente bien como para distinguir las pocas veces que actúas como tú mismo. Si yo no te digo esto, ¿quién lo va 15 a hacer?

Eso era verdad. Ella era la única que me conocía desde la guardería, que me había visto utilizando aquella inteligencia mía desperdiciada, que podía saber cuándo yo intentaba ser algo que no era. Pero también tenía que saber…

20 —No estoy hecho para sentarme obedientemente en una silla y sacar las mejores notas, mientras los profesores me aplauden y mis compañeros me odian —le confié a Estrella, que parecía haberse olvidado del vaso que tenía entre las manos—. Y no quiero que la gente tenga expectativas sobre 25 mí, que intenten decirme u ordenarme lo que tengo que hacer. Cuando parece que alguien no sabe nada, no se espera mucho de él, ¿entiendes? Así se es más libre.

Ella escuchó mis razones atentamente y se quedó en silencio después. Yo la miré y estudié su postura, con las piernas 30 cruzadas y la cabeza apoyada sobre las manos, mientras el pelo le caía por un lado de la cara. No era la típica chica sexy

---

1 **apoyar** poner uc sobre otra cosa – 1 **un respaldo** parte de una silla para apoyar la espalda – 3 **enana** *aquí: cariñoso* pequeña – 11 **un respiro** *aquí:* descanso, pausa – 12 **temer** *aquí:* creer, sospechar – 17 **una guardería** lugar donde se cuidan niños pequeños – 18 **desperdiciado** malgastado, perdido – 22 **aplaudir** *aquí:* alabar (→ aplauso) – 24 **una expectativa** uc que se espera de up – 25 **ordenar** mandar, decir a up lo que tiene que hacer – 29 **una postura** posición

explosiva, pero Estrella estaba muy bien. No me extrañaba que casi siempre que la veía en el colegio hubiera un par de chicos revoloteando a su alrededor, pero eso era algo que no iba a permitir nunca más.

5 —No me has respondido a mi pregunta de antes, enana —por muchos años que pasaban, todavía no se me había quitado la manía de llamarla así—. Sabes que sería mejor para ti si te alejaras y dejaras de verme, así que dime: ¿por qué no lo haces? Con aquella pregunta la estaba acorralando. Y a ella

10 se le notó el nerviosismo, porque con un gesto de inquietud se levantó del sofá y dejó el vaso en una mesa. Luego empezó a dar paseos por la sala mientras me respondía.

—Supongo que..., bueno, eres mi amigo de la infancia y todo eso, ¿no? Así que me preocupo, porque siempre estás metido

15 en algún follón —no sonaba muy convencida.

—Creo que eres la primera persona que me ha dicho que se preocupa por mí. Normalmente los demás tienden a preocuparse por ellos mismos cuando me ven.

—Ya sabes lo que dicen. Siempre hay una primera vez.— Ahí

20 no lo pude soportar.

Necesitaba acción, así que me levanté y eché a andar hacia mi amiga. Ella, ante mi decisión, retrocedió instintivamente hasta que no pudo hacerlo más; su espalda había chocado contra la pared. La acorralé apoyando mis brazos en aquel

25 muro, rodeándola, y sonreí.

Lo había hecho aposta. Me encantaban aquellas escenas en las que la chica se encontraba atrapada entre el chico (una espada bastante convincente) y la pared.

La miré a los ojos y pude ver que estaba sorprendida, pero no

30 asustada. Y luego mi vista bajó hasta su boca, para que supiera lo que quería hacer. Dios, aquellos labios me parecieron un

---

1 **extrañar** parecer raro – 3 **revolotear** *fig* estar alrededor, cerca – 9 **acorralar** no dejar salir a up de un espacio pequeño – 10 **la inquietud** nerviosismo, intranquilidad – 15 **convencido** seguro – 17 **tender** neigen zu – 22 **retroceder** ir hacia atrás – 27 **atrapado** cogido, que no puede escapar – 28 **una espada** Schwert por *entre la espada y la pared loc coloq* sin poder huir

crimen. Necesitaba besarla ya, pero me contuve unos instantes más.

—¿Por qué sigues intentando mentirme? Pude ver la emoción reflejada en sus pupilas.

5 —Porque tengo miedo de que el lobo me engañe y me intente comer —susurró.

Me hizo gracia. Estrella y su afición por los malos de los cuentos.

Con mi rostro tan cerca del de ella que llegaba a notar su 10 calor, hablé por última vez con un tono de voz casi inaudible.

—Vas a tener que perdonarme. Mis frenos ya no funcionan por más tiempo.

Enredé una mano en su pelo. La otra la coloqué en su cintura, y la besé. Podría acabar de contar la escena allí y quedar como 15 un chico decente. Sí, realmente no debería decir que después de besarla durante mucho tiempo (pero que muchísimo) la llevé hasta el sofá y nos tumbamos los dos en él. Tampoco debería decir cómo empecé a quitarle la ropa, ni cómo hicimos aquello que ella hacía por primera vez y que, en realidad, como 20 pude leer en su rostro, no quería hacer. Tampoco diré que ella, tal y como yo había supuesto, no protestó ni intentó resistirse, porque me quería demasiado. Esas son cosas que uno prefiere no oír, ¿verdad? Pero yo solo soy tan cruel como el mundo lo es con todos, así que no creo que sea algo tan malo.

25 Ya me estoy desviando. Yo lo que quería era hablar de Luis. Lo conocí cuando, al repetir curso, pasé a estudiar en la misma clase que él y Estrella. Parecía un chico normal, pero varios rasgos suyos me llamaron la atención. Primero estaba el hecho de que nunca, ni siquiera cuando iba al baño (y eso 30 me parecía la mar de cómico), se separaba de su mejor amigo, aquel chico tan introvertido que se llamaba Juan Carlos. Los dos eran como las caras opuestas de una moneda, porque no

---

5 **engañar** mentir – 7 **hacer gracia** *loc* parecer uc divertida – 11 **un freno** *aquí:* control (Bremse) – 13 **enredar** meter, poner entre uc (verwickeln) – 15 **decente** digno, respetable – 17 **tumbarse** echarse, descansar el cuerpo sobre uc – 25 **desviarse** ir por otro lado – 28 **un rasgo** característica – 30 **la mar de** *Esp loc* muy, mucho – 30 **cómico** divertido

se parecía en nada. Otro aspecto distintivo suyo era que se llevaba bien con todos, y mira que eso es difícil si hablamos de un colegio. Pero aquel chico tenía algo que enganchaba, que hacía reír a carcajadas a la gente que hablaba con él. Quizá fuera aquella sonrisa, clavada a la que exhibiría un niño de tres años cuando ha llegado su cumpleaños. Jamás había conocido a una persona más inocente y despreocupada. Me recordaba a aquel oso de la película *El libro de la selva*, aunque reconozco que nunca he sido muy fan de Disney.

A pesar de ser completamente distinto a mí, no me caía mal. Parecía medianamente listo y se llevaba bien con Estrella, que ya se había convertido en mi novia oficial. Aun así, no hablé mucho con él porque me recordaba a como solía ser yo de pequeño, siempre viviendo de las opiniones de los demás. Prefería alejarme de aquellos recuerdos tan bochornosos.

Yo no fui a la montaña, no. La montaña vino a mí. Fue casi al final del curso. El profesor de Filosofía nos mandó hacer un trabajo por parejas en el que a cada dúo le era asignado un libro que tenían que analizar. En condiciones normales yo no hubiera hecho aquel trabajo, pero el año se acababa y tenía que entregarlo para aprobar la asignatura. Además, el libro me interesaba bastante. Era uno de mis favoritos, uno que me había dejado huella cuando lo leí con tan solo once años: *El señor de las moscas*.

Bien, ahora me toca aclarar un par de cosas. Puede que pasara de estudiar para los exámenes o que a veces fallara preguntas aposta a pesar de que sabía las respuestas. Pero eso era solo por mantener una fachada que me permitía hacer las cosas que yo quería hacer. No era ningún descerebrado, simplemente aprendía las cosas de otra manera que no

---

3 **enganchar** *coloq* gustar mucho – 5 **clavado** *aquí:* idéntico a uc – 7 **despreocupado** de carácter libre y abierto – 8 **un oso** Bär – 8 **El libro de la selva** (1894 Rudyard Kipling) libro de cuentos morales con animales – 11 **medianamente** no muy bien – 15 **bochornoso** que produce vergüenza – 16 *alusión* (Anspielung) al refrán **Si la montaña no va a Mahoma, Mahoma va a la montaña** – 18 **asignar** dar, repartir (zuteilen) – 23 **dejar huella** marcar – 23 **El señor de las moscas** (1954 William Golding) un grupo de chicos llegan a una isla. Tienen que sobrevivir solos – 26 **fallar** hacer un error

coincidía con el aburrido método del colegio. Siempre había leído todo lo que pasaba por mis manos, usado internet para aprender, y sabía historia, matemáticas, idiomas, informática, dibujo técnico, física, biología y muchas más cosas; yo
5 estudiaba de todo. Cuando tienes una cabeza a la que no le cuesta trabajo aprender, una cabeza que puedes amueblar sin ningún límite, a placer, no te conformas con dejarla vacía. O al menos eso me ocurría a mí.

«El analista goza con esa actividad intelectual que se ejerce
10 en el hecho de desentrañar. Consigue satisfacción hasta de las más triviales ocupaciones que ponen en juego su talento». Una de mis citas favoritas de Edgar Allan Poe en *Los crímenes de la calle Morgue*. Todo el monólogo inicial de ese relato te deja flipado.

15 Cuando eres como yo, no hay nada que te divierta más que usar tu cerebro para analizar cosas ordinarias que te rodean. Y si yo quería manejar todos los hilos de los distintos aspectos de mi vida, tenía que conocer. Así de simple. Volvamos a lo del trabajo de Filosofía. Me tocó hacerlo con Luis, lo que le añadió
20 una gran cantidad de atractivo extra al asunto. Los que hayáis leído el libro lo entenderéis: los personajes, los argumentos del autor, todo ello era algo que no casaba con la forma de ser de Luis. Era parecido a si pones al director de una empresa multinacional a analizar las teorías marxistas. Simplemente,
25 no cuadran. Empiezo a sonar como un maldito empollón, lo sé. Pero es lo que hay. Aquello que había empezado como un simple trabajo de Filosofía fue el detonante para lo que ocurriría al año siguiente.

Yo no tenía ni idea de eso. Despreocupadamente, le aseguré
30 a Luis que aquella vez sí que haría el trabajo, porque necesitaba

6 **amueblar la cabeza** *coloq* llenar de ideas – 7 **conformarse** estar satisfecho –
9 **gozar** disfrutar – 9 **ejercer** realizarse, practicar – 10 **desentrañar** descubrir, sacar
el conocimiento más profundo – 11 **una ocupación** actividad – 11 **poner en juego** *loc*
estar en peligro – 12 **Edgar Allan Poe** (1809-1849) escritor estadounidense famoso por
sus cuentos de horror – 12 **Los crímenes de la calle Morgue** relato de detectives. Dos
mujeres mueren en su casa de la calle Morgue – 14 **flipar** *Esp coloq* entusiasmar –
16 **ordinario** normal, cotidiando – 17 **un hilo** Faden – 22 **casar** zusammenpassen –
25 **cuadrar** passen – 27 **un detonante** iniciador

aprobar (por supuesto, no mencioné nada acerca de mi interés por el libro), y le dije que viniera a mi casa una tarde. Ahora entiendo que eso fue un error, un descuido mío. Enseguida sabréis por qué. Así que, el día que habíamos decidido, él llegó
5 a la puerta de mi casa con su típica sonrisa pintada en la cara.

—¡Nunca había estado en este barrio! Creía que me iba a perder —comentó en cuanto entró—. Mira, las he comprado por el camino. ¿No dicen que el azúcar es bueno para estudiar?

De uno de los bolsillos de su cazadora sacó una bolsa
10 inmensa de dulces, mientras yo soltaba una carcajada. Señor, era igual que un niño pequeño.

—Menos mal que no has pillado a mi madre en casa, porque odia los dulces. Pero yo no tengo tantos prejuicios. Fuimos al despacho de mi padre. Como él tampoco estaba
15 en casa, podíamos usarlo, y era la única habitación, aparte de mi dormitorio, que tenía ordenador. El de Filosofía era uno de esos carcas que seguían mandando los trabajos escritos a mano, pero aun así siempre era útil buscar algo de información en internet.

20 —¿Te has leído el libro? —me preguntó Luis mientras elegía asiento.

—Por encima —mentí.

—¿Y te ha gustado?

Guau. ¿Cuánto hacía desde la última vez que alguien me
25 preguntaba si me había gustado un libro?

—No está mal. Había partes que eran un poco aburridas y me las salté, pero el final es bastante interesante, cuando los críos se vuelven salvajes y todo eso. Mi compañero me escuchaba atentamente, como si en verdad pensara que mi opinión era
30 algo que valía la pena oír. Y no sé por qué, mi instinto empezó a ponerse en estado de alerta. Fue como sí, en el fondo, mi

---

3 **un descuido** falta de cuidado – 9 **una cazadora** chaqueta – 13 **un prejuicio** opinión ya hecha negativa sobre uc – 14 **un despacho** oficina – 15 **aparte** excepto – 17 **un carca** *Esp despect* up con ideas anticuadas – 21 **un asiento** lugar para sentarse – 27 **un crío** niño – 28 **salvaje** wild – 30 **valer la pena** *loc* merecer la pena

intuición me dijera que Luis notaba que yo..., bueno, que yo sabía mucho más de lo que aparentaba.

Pensé detenidamente que a lo mejor era porque no estaba acostumbrado a que otra persona, aparte de Estrella, escuchara
5 lo que tenía que decir sobre deberes o demás porquería del colegio. Pero, por si acaso, decidí no relajarme. Para salir victorioso de cualquier situación hay que pensar fríamente y no dejar ningún cabo suelto. Y eso hice.

—Supongo que tu opinión vale más que la mía. ¿A ti qué te
10 ha parecido?

—Me gusta cómo escribe el autor, pero no estoy de acuerdo con sus ideas, y el final me resultó muy cruel. Sobre todo porque habla de niños.

Era de esperar que dijera eso.
15 —Parece como si pensara que a medida que el hombre va dejando atrás la sociedad y se vuelve más salvaje, está en su naturaleza ser malvado... o al menos eso es lo que yo entendí —continuó Luis—. Es lo contrario a las ideas de Rousseau, ¿no? Él dijo que el hombre es bueno por naturaleza, pero...
20 —... es la sociedad la que lo corrompe.

Ignoré la mirada que me echó Luis.

—Se te está pasando por alto que son dos épocas distintas —le señalé—. Cuando Rousseau dijo aquello, todavía no se habían vivido las dos guerras mundiales, ni se habían
25 descubierto los horrores de los que es capaz el hombre.

Mi compañero asintió y, aparentemente lleno de energía, cogió un bolígrafo y un folio y se preparó para escribir.

—Ese es un buen punto de partida —dijo, tan sonriente como si le hubiera tocado la lotería—. ¿Empezamos ya?
30 Con un suspiro, yo también agarré algo para escribir. Después de una hora y media de trabajo, teníamos un montón de información útil sacada de internet, llevábamos doce folios

3 **detenidamente** con atención – 5 **una porquería** *coloq* uc que no merece la pena – 6 **salir victorioso** ganar – 8 **un cabo suelto** *coloq* uc por hacer – 17 **malvado** muy malo, perverso – 18 **Rousseau** escritor, filósofo y pedagogo francés – 20 **corromper a up** pervertir, deformar – 27 **un folio** hoja de papel – 28 **de partida** de inicio – 29 **tocar** *aquí:* ganar

escritos y la concentración nos empezaba a fallar. Decidimos tomarnos un descanso. Me levanté y estiré la espalda, haciendo crujir varios de mis huesos. Luis abría y cerraba las manos como si tuviera los dedos agarrotados de tanto escribir.

5 —Nos va a quedar de nota el trabajo. A ver si consigo que me suba algo la media para los finales.

Yo puse los ojos en blanco.

—¿Qué pasa? —preguntó Luis.

—Nada. Es ese tipo de comentarios, que me ponen de mal 10 humor.

—¿Por qué?

—Simplemente, me da asco oíros hablar de las notas así —aclaré—. Nunca me ha gustado ese método. Es como si tuvieras precio; vales tanto como tan alta sea tu media. Ni 15 que los talentos de una persona pudieran resumirse con un número. Y luego, encima van diciendo que lo importante es aprender.

Aquello era algo que pensaba desde que había comenzado Primaria, y mi compañero se encogió de hombros cuando lo 20 oyó.

—No podemos hacer nada para cambiarlo. Toca aguantarse.

—Solo digo que si alguna vez llego ser alguien que sí pueda cambiarlo, haré que todos mis profesores se arrepientan de haberme hecho exámenes. Se la pienso jugar como nadie.

25 —Pobrecillos. Espero que tengas algo de piedad en ese caso.

—Mis intenciones nunca serán buenas. Ya sabes que siempre lo juro —dije con una sonrisa—. Voy a por algo de beber.

—¿Me puedes decir dónde está el baño?

—La segunda puerta a la izquierda del pasillo.

30 Yo fui a la cocina y llené el vaso más grande que encontré con agua del grifo. A esas alturas del año empezaba ya a hacer calor y tenía mucha sed. Cuando terminé lo volví a rellenar y me lo llevé a la sala en la que estábamos trabajando.

---

4 **agarrotado** que no se puede mover – 6 **los *exámenes* finales** de fin de curso – 21 **toca** hay que – 21 **aguantarse** resignarse – 31 **un grifo** Wasserhahn

Esperé a que Luis regresara. Pero no lo hizo. ¿Por qué tardaba tanto? ¿Se habría puesto malo del estómago o algo así? Me impacientaba por momentos, hasta que me di cuenta.

Error. Yo había cometido un estúpido error y lo podía pagar
5 muy caro. Mi alarma interior volvió a dispararse. Tenía ganas de destrozar algo.

—¡Cómo puedo ser tan...!

Abrí la puerta del despacho de golpe y salí disparado por el pasillo. No hay ni que decir que ya no continuamos con el
10 trabajo de Filosofía. Por suerte habíamos escrito lo suficiente como para poder entregarlo tal y como estaba. Pero eso no acabó ahí. Al día siguiente, cuando llegué a clase, me encontré a Luis contándole a todos, muy entusiasmado, lo que había visto en mi casa. Me entraron ganas de hacerle callar a bofetadas,
15 pero me contuve. Intentando mantener la sangre fría, solté una carcajada y le dije a Luis en voz alta que qué hacía contando trolas como aquella. Por supuesto, todos me creyeron. Lo que Luis les estaba contando era demasiado insólito para ellos, algo totalmente impensable. La única que sabía que lo que su
20 compañero estaba diciendo era verdad, Estrella, me miró con cara de preocupación, pero no comentó nada. Yo me tragué las ganas de vengarme de aquel estúpido chico que pensaba que podía jugar conmigo y exponerme como si de un bicho raro de tratara.
25 Al curso siguiente, en segundo de Bachillerato, pasaron muchas cosas. Todo empezó con aquel botellón en el que vi mi oportunidad de oro. Lo que yo no esperaba era que toda la clase se me uniera en ese primer ataque, pero ocurrió así. Es increíble el daño que se puede causar con un ordenador.
30 Bueno, me equivoco; no toda la clase se me unió. Ya desde el primer día, aquella niña se plantó entre Luis y yo, dispuesta a defenderlo, con los brazos en jarras y los ojos echando

---

1 **regresar** volver – 3 **impacientarse** perder la paciencia – 8 **disparado** corriendo muy deprisa – 17 **una trola** *Esp coloq* mentira – 18 **insólito** increíble – 23 **exponer** exhibir, mostrar – 30 **equivocarse** cometer un error, fallar – 31 **plantarse** no moverse de un lugar – 32 **echar chispas** funken

chispas, por no hablar de su pico de oro. Una niñata de carácter, aquella Alicia. Era de las personas más interesantes que había conocido, pero como todas las que intentan aislarse tras una fuerte personalidad, tenía ciertas debilidades que la
5 devoraban por dentro. Una la adiviné yo solo al poco tiempo, y era que estaba enamorada de Luis. Otra la conocí al hablar con una antigua amiga mía, Isabel Valverde, y me dejó bastante sorprendido. Quién iba a decir que aquella chica, que parecía capaz de comerse vivo a todo aquel que la molestara, hubiera
10 sido acosada en su antiguo colegio. Intenté usar todo aquello en su contra, pero... bueno, escapó a mis cálculos que su cuelgue por Luis era más fuerte que el miedo a su pasado.

No pienso hacer lo que me has pedido esta mañana. A mí hazme lo que te salga de las narices, pero deja en paz a Luis.
15 *Alicia.*

Ese fue el mensaje que llegó a mi móvil. Cuando lo recibí, negué levemente con la cabeza. Menudo carácter tenía aquella cría.

No fue tan valiente a la mañana siguiente, cuando encontró
20 aquella nota pintada en su mesa. Puse la primera frase así para que todos mis compañeros supieran que había sido yo. ¿Y sabéis qué? Nadie protestó. Nadie intentó defenderlos porque a nadie le importa lo que le pase a un bicho raro.

Parece mentira que, llevado tanto contado, aún no haya
25 llegado a lo que realmente quería relatar. Ocurrió aquella misma mañana en la que escribí las frases en la mesa de Alicia. La chica había intentado mantener la compostura tapando su mesa con los libros de texto y atendiendo en las clases como si nada le importara, pero yo sabía que estaba aterrada.
30 Quizá fuera por las miradas que me había dirigido, o porque yo conocía el miedo que te consume por dentro cuando te persiguen los fantasmas del pasado. Aquel día, ni siquiera la vi

---

11 **escapar** *aquí:* quedar fuera de uc – 11 **un cálculo** *aquí:* plan – 12 **el cuelgue por up** *coloq* enamoramiento – 14 **salir de las narices** *loc coloq* dar la gana – 25 **relatar** contar – 28 **atender** prestar atención, escuchar – 29 **aterrada** con mucho miedo – 31 **consumir** devorar (aufzehren)

acercarse a Luis. Tiene gracia, porque él sí que vino a hablar conmigo. Fue en gimnasia. Ese día tuve que encargarme de recoger todos los balones que habíamos utilizado, así que entré a cambiarme cuando todos los demás ya lo habían hecho
5 y se dirigían a casa. Pensé que el vestuario iba a estar vacío, pero me llevé una sorpresa: sentado en uno de los bancos, ya vestido con su ropa de calle, estaba Luis. Ignorándole, me dirigí adonde estaba colgada mi mochila y empecé a desvestirme. Mientras me quitaba la camiseta pude ver por el rabillo del ojo
10 que él no se movía de su sitio. Estaba mirando al suelo, con aquellos ojos vacíos que habían caracterizado su expresión de los últimos meses, completamente distintos a los que solía tener un año atrás.

—¿Querías algo? —le pregunté.

15 Él tardó unos minutos en contestar y, cuando lo hizo, su voz apenas tenía volumen. Me recordó a la de un anciano.

—¿Cuándo vas a parar?

No le contesté. Tampoco sabía qué decirle, si os soy sincero.

—¿Sabes una cosa? Por mucho que intentes fastidiarme, no
20 vas a conseguir borrar de mi memoria lo que vi aquel día en tu casa —suspiró—. No se pueden cambiar los recuerdos ajenos, Álex.

—Pero puedo seguir recordándote por qué no deberías decírselo a nadie.

25 Yo ya había terminado de cambiarme, pero seguía plantado en el mismo sitio. La seriedad de Luis, sus intentos de que su voz sonara firme a pesar de su debilidad me mantenían clavado en aquel lugar. Desde luego, mi obra era digna de admirarse. Aquel chico no era ni una sombra de lo que había
30 sido; incluso se le empezaba a notar físicamente.

1 **tener gracia** *irón coloq* ser extraño, raro – 2 **la gimnasia** asignatura de deporte – 5 **dirigirse** irse en dirección a un lugar – 5 **un vestuario** lugar para cambiarse de ropa – 8 **desvestirse** quitarse la ropa – 9 *mirar* **por el rabillo del ojo** *loc coloq* mirar de lado, disimulando – 16 **un anciano** hombre muy viejo – 19 **fastidiar** molestar – 20 **borrar** hacer desaparecer uc para siempre – 20 **la memoria** pensamientos, recuerdos – 27 **firme** seguro – 28 **una obra** resultado de un trabajo (Werk) – 28 **digno** que merece uc – 29 **admirar** bewundern

—No sé por qué todo el mundo intenta evitar siempre mis preguntas. Te lo diré una vez más, Luisito, ¿por qué estás aquí?

—En un principio pensaba ponerme de rodillas y humillarme para que dejaras en paz a Alicia. Pero ahora veo que ni con
5 esas —sonrió débilmente; bueno, sería más correcto decir que movió las comisuras de los labios, porque aquello no era una sonrisa—. Te has propuesto meterle el miedo en el cuerpo. Y tú eres una de esas personas que, sea lo que sea que te propongas, siempre lo consigues. Si te soy sincero, eres el tío
10 con más fuerza de voluntad que conozco.

—Si sigues así, vas a hacer que me sonroje.

—Te lo merecerías —dijo con un hilo de voz—, por todas las veces que tú me has hecho llorar.

Recuerdo que en ese momento pensé que él era la única
15 persona de diecisiete años capaz de decir aquello con tanta naturalidad. Pero aun así, solté una carcajada cuando lo oí.

—Suenas como una chica enamorada a la que su amado ha rechazado.

—Casi. El año pasado pensé realmente que acabaríamos
20 siendo amigos.

Se quedó pensativo. Supongo que estaba sumergido en sus recuerdos.

—Yo nunca sería amigo de alguien como tú —afirmé.

—Claro que no. Ahora lo sé porque te recuerdo demasiado a
25 esa parte que escondes de ti, ¿verdad? En un gesto involuntario, cerré el puño apretando los nudillos con fuerza. Sentía cómo la rabia empezaba a recorrer todo mi cuerpo, que se puso en tensión. Por una vez me olvidé de contenerla. Yo sabía por experiencia propia que cada vez que me dejaba llevar por
30 aquella furia que guardaba en mi interior, y que de vez en cuando lograba salir del rincón de mi mente en la que estaba encerrada, sucedían cosas malas. Cosas no deseadas. Mantener

---

3 **de rodillas** *loc* con las rodillas (Knie) dobladas en el suelo – 3 **humillarse** perder la dignidad – 7 **proponerse** tener la intención de hacer uc – 7 **meter el miedo en el cuerpo a up** aterrorizar – 10 **la fuerza de voluntad** Willenskraft – 11 **sonrojarse** ponerse rojo – 21 **sumergido** concentrado – 26 **apretar** hacer fuerza o presión – 26 **los nudillos de los** dedos unión de los huesos ·

la cabeza fría es lo que te hace ver tus objetivos y distinguir el mejor camino para conseguirlos. Pero en aquella ocasión, las palabras de Luis me estaban contrariando como nunca. No hay nada que me enfurezca tanto como alguien que...

5 —¿Crees que me conoces, niñato? Mi cabeza se apagó. Mi racional, inteligente, calculadora y fría cabeza se apagó.

—En realidad me das algo de lástima —dijo Luis, poniéndose en pie y dando un paso hacia delante—, porque cada vez que me insultas, me amenazas o me ridiculizas, y todos los demás
10 te siguen, te haces daño a ti mismo, ¿lo sabías? Piensas que estás demostrando que a la gente que nos rodea no le importa meterse con los que somos diferentes. Y, en realidad, tú eres el más extraño de todos, Álex. Un auténtico bicho raro, como sueles decir.

15 Sonó un ruido seco. El de mi puño estampándose contra la mejilla de Luis. Y luego otro más fuerte, cuando él cayó al suelo.

Desde allí me miró, con una mano sobre el lado de la cara que le había golpeado y los ojos cargados de miedo. Pero yo no
20 atendía a súplicas en aquel momento, la adrenalina corría por mis venas.

Aquel último comentario había sido el detonante definitivo, tiñendo mi mente de rojo escarlata.

¿Cómo se atrevía a decirme...?

25 —Álex, por favor, yo...

—¡Cállate! No podía soportar ninguna cosa que tuviera que ver con Luis en aquel momento, ni su mirada aterrorizada, ni su voz rogándome compasión. Le di una patada en el vientre y lo vi encogiéndose sobre sí mismo en el suelo, gimiendo de
30 dolor.

---

1 **un objetivo** meta − 3 **contrariar** molestar − 4 **enfurecerse** ponerse furioso −
9 **ridiculizar** poner en ridículo − 11 **demostrar** probar, verificar − 15 **estamparse** *coloq*
chocar − 19 **cargado** lleno − 20 **una súplica** petición sumisa (Flehen) − 23 **teñir** cambiar
de color − 23 **escarlata** scharlachrot − 28 **rogar** pedir uc con súplicas − 28 **la compasión**
Mitleid − 29 **encogerse sobre sí mismo** poner las rodillas cerca de la cabeza como una
pelota − 29 **gemir** hacer sonidos para expresar pena o dolor

—¿Qué pasa, que los mensajes que te he mandado no han sido suficientemente claros para ti? ¿Necesitas algo un poco más directo?

No me contestó. Con la respiración entrecortada, intentó ponerse de pie, pero cuando estaba en cuclillas le di un rodillazo que le hizo volver a caer. Le golpeé a la altura de la boca y de su labio empezó a salir sangre que goteó en el suelo. Yo no pensaba en las consecuencias de mis actos. Realmente, no pensaba en nada. El enfado y la furia lo ocupaban todo en aquel momento. Solo había violencia en mí.

Por última vez, ya con tan solo un susurro de voz, Luis intentó frenarme.

—Por favor —tosió, y escupió sangre—. No lo hagas.

Yo me agaché hasta situar la cara a su altura.

—¿Y por qué no? —pregunté con voz melosa.

Él me miró con aquellos ojos que, en muy poco tiempo, habían envejecido un montón. Debajo de uno de ellos empezaba a salir la marca de mi primer puñetazo.

—Porque cada golpe que me das te lo estás dando a ti mismo.

Cargado de rabia, me levanté y le di una última vez en la cara, con el pie. Ese golpe final lo dejó medio inconsciente. Ni siquiera hizo sonido alguno de dolor. Entonces me apagué. Toda la rabia del momento, toda la adrenalina, se desvaneció en aquel instante. Ya no quedaba nada. No había furia, no había alegría, no había tristeza, ni siquiera arrepentimiento. Nada. Solo sentía un gran vacío. Miré por la ventana del vestuario. Aquel cielo sin nubes, de un azul inmaculado, parecía un gran chiste teniendo en cuenta lo que acababa de ocurrir.

---

5 **en cuclillas** *loc* hockend – 6 **un rodillazo** golpe en la rodilla – 7 **gotear** tropfen – 12 **frenar a up** detener parar – 13 **escupir** echar uc por la boca uc (spucken) – 14 **agachar** inclinar o bajar el cuerpo – 15 **meloso** muy dulce – 17 **envejecer** hacerse mayor – 18 **un puñetazo** golpe con el puño – 22 **inconsciente** *aquí:* bewusstlos – 24 **desavanecerse** desaparecer, irse – 28 **inmaculado** puro, limpio – 29 **un chiste** Witz – 29 **tener en cuenta** *loc* tener presente, considerar

—«Jamás había visto un día tan hermoso y cruel» —cité, y respiré hondo. A mi espalda oí un último susurro de Luis.

—*Mac… beth.*

5 No sé si en aquel momento era consciente de que había sido yo quien había citado aquella frase, o simplemente los restos de su instinto le hicieron decir aquello. Tampoco lo intenté averiguar. Salí del vestuario. Ni siquiera quise dirigirle una última mirada.

---

2 **hondo** profundamente – 3 **Macbeth** tragedia de Shakespeare – 7 **averiguar** descubrir, conocer uc nuevo

VII

Me llamo Luis. Nunca quise que todo aquello pasara, por eso no intenté defenderme. Pero ahora entiendo que si le hubiera contado a alguien lo que me estaba pasando, si hubiera hecho
5 algo para que parara, Juan Carlos no habría actuado de aquella manera. Yo no podía soportar que una persona me odiara, ni siquiera alguien como Álex. Me encantan esos ambientes con mucha gente, en los que todo el mundo sonríe y oyes carcajadas por doquier. Siempre he sido uno de esos chicos a los que la
10 alegría se les contagia a la mínima. Por otro lado, odiaba estar solo. Cada vez que mis padres me dejaban sin compañía en casa, yo iba al piso de Juan Carlos, porque si no me volvía loco. Supongo que por eso acabé siendo tan dependiente de mi mejor amigo. El caso es que no creo que haya ninguna
15 persona en este mundo que no desee ser querida por los demás. Y tampoco existe ningún humano que sea incapaz de querer a alguien. Aquel día, después del botellón, cuando me desperté con un dolor de cabeza terrible y sintiéndome fatal por lo que le había hecho a Juan Carlos... Cuando encendí el
20 ordenador y miré mi Tuenti, y vi todos aquellos comentarios y las fotos..., fue la primera vez que sentí en mi propia piel lo que era la crueldad, el sentirse como basura. Fue como si me hubieran golpeado por todo el cuerpo. Hubo algo dentro de mí que se apagó, una pequeña luz, esa a la que algunos llaman
25 inocencia, que ya nunca más volvería a encenderse. Aquel año realmente fue un infierno, con todos sus componentes. Tristeza, desesperación, odio... Y sobre todo hubo miedo, y no solo mío. Pero de eso ya hablaré más tarde.

Si no hubiese sido por Alicia, la única persona que me daba
30 motivos para seguir resistiendo, yo hubiera explotado mucho antes. Aun así, al final, la semilla de odio que se encontraba plantada dentro de Álex y que tanto había crecido consiguió

---

9 **por doquier** por todos lados – 10 **a la mínima** enseguida – 22 **la crueldad** ≠ piedad (→ cruel) – 27 **la desesperación** pérdida de toda esperanza – 31 **una semilla** *fig* Samen

arañarla a ella también. Pero eso ocurriría más adelante, y yo quiero empezar esto como se debe, por el principio de todo.

Ojalá aquel día no hubiera accedido a ir a su casa a hacer el trabajo de Filosofía con él. Ojalá a la mañana siguiente no
5 hubiera intentado contar a todos lo que vi. Ojalá... Hay muchas cosas que me gustaría cambiar, tantas, que ni siquiera sé si la lista cabría en un folio. Pero las cosas que ya han ocurrido no pueden ser cambiadas, solo recordadas.

Me sentía agotado. Llevaba ya bastante tiempo inmerso en
10 el trabajo de Filosofía, y mi mente necesitaba un descanso. No es que aquel trabajo estuviera siendo aburrido, sino más bien todo lo contrario. Además, Álex estaba colaborando más de lo que yo había pensado. Hacía pocos comentarios, pero las escasas opiniones que expresaba siempre eran interesantes
15 y había escrito casi tanto como yo. Miré a ambos lados del pasillo. Mi compañero me había dicho que el baño estaba al lado izquierdo, la segunda puerta, pero no sabía si el armario empotrado que acababa de pasar contaba como puerta o no. Así que miré tras la siguiente y vi que sí, era el lavabo que
20 buscaba. Pero, cuando estaba a punto de entrar, vislumbré otra puerta enfrente que me llamó la atención, porque en ella alguien había pegado una gran pegatina con la señal de prohibido el paso. «La habitación de Álex», pensé. No pude contener la curiosidad y, poniendo silenciosamente la mano
25 sobre el pomo, asomé dentro la cabeza.

Solo quería echar un vistazo rápido para que mi compañero no pensara que yo era un entrometido, pero lo que vi con aquella primera ojeada fue tan sorprendente que, ya sin acordarme de tener ningún tipo de cuidado, entré en el cuarto.
30 ¿Cómo podría describirlo? Era una habitación muy grande,

---

1 **arañar** *fig* herir ligeramente (lädieren) – 1 **adelante** después – 7 **caber** entrar, coger, tener capacidad – 9 **agotado** muy cansado, sin fuerzas – 9 **inmerso** enfrascado, concentrado – 14 **escaso** poco – 20 **vislumbrar** ver – 23 **el paso** *aquí:* entrada – 24 **la curiosidad** deseo de saber uc (→ curioso) – 25 **un pomo** Türknopf – 26 **echar un vistazo** mirar uc rápidamente, ojear – 27 **entrometido** up que mete las narices donde no debe/ se interesa por lo que no debe

con la cama pegada a la pared y un escritorio, debajo de la ventana, con un ordenador de última generación. Hasta ahí, todo normal. Lo que me chocó, en primer lugar, fueron las estanterías. Por toda la sala había baldas cargadas de libros.
5 Encima de la cama, tirados sin ningún orden, pude ver *El señor de las moscas* y otros muchos títulos del mismo autor. También conté, colgadas en distintos puntos de las paredes de la habitación, tres pizarras de tamaño mediano de esas en las que se puede escribir con rotulador. En una de ellas pude
10 ver resueltos los ejercicios que el profesor de Física había mandado hacía una semana, incluso aquellos que ninguno habíamos sabido hacer en clase. Pero Álex no había entregado aquellos deberes y el maestro le había dicho que le iba a bajar la nota por eso.
15 No entendí nada. En la pared, encima de la cama, había pegado un cartel que rezaba:
La inteligencia ha sido en todos los tiempos la reina del mundo y ha vencido las preocupaciones. Larra.
También recuerdo la cantidad de cubos de Rubik y otros
20 juguetes del mismo estilo repartidos por la mesa y las estanterías, a cual más difícil de resolver.
Aquello era un refugio. Un santuario que yo acababa de profanar. ¿Cómo podía alguien esconder una personalidad y un talento tan únicos, tan especiales, en una sola habitación?
25 ¿Cómo podía negar su forma de ser al resto del mundo? Me di la vuelta para salir de allí, pero ya era tarde. Casi a la carrera llegó Álex. Me miró horrorizado mientras se agarraba con una mano al marco de la puerta. No puedo describir aquellos ojos. Era una mirada que yo no había visto nunca. Intenté abrir la
30 boca para disculparme.

---

3 **chocar uc** *aquí:* parecer raro – 4 **una estantería** Regal – 4 **una balda** *Esp* tabla de una estantería – 8 **mediano** medio – 16 **rezar** *aquí:* decir – 18 **vencer** ganar, superar uc – 18 ***Mariano José* Larra** (1809-1837) escritor español del Romanticismo – 19 **un cubo de Rubik** Zauberwürfel – 20 **repartido** distribuido, extendido (verteilt) – 22 **un refugio** lugar para esconderse – 22 **un santuario** lugar sagrado – 23 **profanar** no respetar uc sagrada – 26 **a la carrera** corriendo – 28 **un marco** Rahmen

—Lo siento. La señal de la puerta me llamó la atención y tuve curiosidad…—ni siquiera sabía qué decir. Al final me acabé rindiendo—. Lo siento mucho, de verdad.

—Nadie entra en mi habitación.

5 Aquella fue la primera vez que vi a Álex perder el control, completamente cegado por la rabia, aunque no sería la última. Pude ver y aprender aquellos gestos característicos de cuando le faltaba poco para explotar, cómo cerraba con fuerza la mano izquierda hasta que los nudillos se le quedaban blancos y 10 cómo sus ojos parecían oscurecerse.

—Nunca entra nadie en mi habitación, ¿entiendes?

—Álex.

—¡Vete de una vez!

Le obedecí. Lo más rápido que pude. No quiero saber lo que 15 hubiera ocurrido si yo hubiera permanecido un segundo más en aquella casa. Fue una torpeza muy grande por mi parte que al siguiente día yo intentara contarles a todos los demás lo que había descubierto. Al principio me escucharon, pero dejaron de prestarme atención enseguida, cuando llegó Álex con una 20 frialdad y una actuación digna de un Óscar negándolo. Nunca más lo volví a mencionar, pero a él no se le olvidó. Poco a poco lo fui entendiendo. Aquel chico que aparentaba ser más fuerte que todos los demás, al que parecía que le daba igual lo que otros pudieran pensar o decir de él, estaba asustado 25 de aquel talento que le hacía diferente. Supongo que por eso se construyó aquella imagen de individuo con el que nadie se atrevería a meterse, pero no era más que una fachada que el viento, en cualquier momento, podía derribar. Álex estaba aterrorizado. Y lo que más miedo le daba era él mismo.

30 Ya sabéis que al año siguiente fue cuando la venganza de Álex (supongo que debería llamarla así) empezó. Las fotos, los correos, los mensajes en el móvil, todo eso. Quién iba a pensar que a través de una pantalla se podía hacer tanto daño. Varias

---

6 **cegado** que no piensa con claridad – 16 **una torpeza** fallo, error (→ torpe)

veces estuve tentado de eliminar mi dirección de e-mail, mi perfil de Tuenti, o cambiar de número de móvil. Pero no lo hice porque, quizá, pensaba que algún día a través de ellos me llegaría un mensaje pidiéndome perdón, un mensaje que indicara que todo había pasado. Qué iluso, ¿verdad? Como ya he dicho antes, si no hubiese sido por Alicia, yo no hubiera aguantado ni la mitad de lo que lo hice. Ella era mucho más fuerte y me defendió cuando yo no encontraba razones para hacerlo. Cuando empezó el curso siempre estaba seria, era borde, sarcástica con los demás. Pero luego me di cuenta de que cuando estaba conmigo sonreía. Y aquella tarde, en el Retiro..., bueno, os sonará un poco tonto, pero sentí como si fuéramos los protagonistas de una gran historia. Una épica. Una con vampiros acechando al héroe en la oscuridad, con brujas intentando hechizarlo, un héroe que encontraba una dama por la que merecía la pena seguir luchando y su amor abarcaba años y continentes, y a pesar de todo nadie podía separarlos. Parece un sueño estúpido e infantil, pero es que Alicia llegó a ser lo único que merecía la pena de aquella vida. De verdad.

Esa fantasía solo duró una tarde. Es curioso cómo se puede encadenar el mejor día de tu vida con el peor. Pero cuando Álex te tenía en el punto de mira, jamás te dejaba que se te olvidara que él no te permitía ser feliz. Primero fue el mensaje en la mesa de Alicia, que pude ver antes que ella porque llegué más temprano. Incluso intenté borrarlo de la madera, pero estaba escrito con rotulador permanente. Tuve que ver la cara de Alicia cuando lo leyó, pude adivinar que le traía a la mente recuerdos que ella hubiera preferido olvidar. En aquel momento, la tenue esperanza que se había encendido en mi interior la tarde anterior se desvaneció. Yo había creído que ya nada podía ir a peor. Que solo tenía que aguantar poco menos

---

1 **estar tentado** hacer casi uc que se quiere hacer – 5 **iluso** inocente, soñador – 13 ***una historia* épica** de héroes – 14 **acechar** observar, esperar sin ser visto – 15 **una bruja** Hexe – 15 **hechizar** embrujar – 17 **abarcar** *aquí:* durar – 22 **encadenar** unir, relacionar uc con otra cosa – 23 **un punto de mira** objeto y centro de atención e interés

de un mes, hacer la selectividad y luego irme a la universidad, donde podría olvidarme de aquel asunto.

En la hora de gimnasia me quedé en el vestuario para hablar a solas con Álex. Ni siquiera sabía qué decirle. No era más que un último intento a la desesperada. Lo siento. No estoy preparado para hablar o recordar lo que ocurrió allí. La clase de gimnasia era a última hora y pude volver a casa en cuanto empecé a sentirme mejor. Para explicar las heridas en mi cara, a mis padres les dije que me había caído en el colegio. Por supuesto, no me creyeron y me sometieron a un interrogatorio de cuarto grado, pero me dejaron en paz en cuanto se dieron cuenta de que nos les iba a contar nada. La expresión de tristeza y preocupación de mi madre me dolió mucho, mientras mi padre me examinaba la herida de la boca, metido en su papel de médico. Cuando acabó, me encerré en mi habitación con las cortinas echadas y las luces apagadas. Sentía que nadie podía verme. Y ya dejé de intentar contener mis ganas de llorar. ¿Sabéis lo que es la desesperación total y absoluta? ¿Que no quede ni una gota de esperanza en tu cuerpo? ¿Que ya nada te haga ilusión? Así estaba yo. Completamente perdido.

Cada uno de los mensajes, de los malos momentos que había pasado, de las amenazas y los insultos, habían ido llevándose consigo una gota de mi energía. Y ya no me quedaba nada. No sé cuánto tardé en calmarme, pero al final me quedé dormido hecho un ovillo en mi cama. Llevaba varios días sin descansar mucho, y la tensión acumulada hizo que consiguiera conciliar el sueño un buen rato. Cuando me desperté ya empezaba a anochecer, y mientras me estiraba pensé que todavía tenía que ducharme y estudiar un poco. Con la selectividad a la vuelta de la esquina, no quería fastidiarla, pero antes que nada, encendí el ordenador. Una pequeña parte de mí todavía esperaba encontrar un mensaje de Álex pidiéndome perdón.

5 **a la desesperada** loc usando métodos extremos por no haber alternativa – 8 **una herida** daño producido *p ej* por un golpe – 10 **someter a up a un interrogatorio** interrogar – 16 **echado** *aquí:* cerrado – 19 **una gota** Tropfen – 25 **un ovillo** *aquí:* bola, pelota – 26 **acumulado** amontonado, juntado – 28 **anochecer** hacerse de noche – 29 **a la vuelta de la esquina** loc cerca

Si las pantallas de los ordenadores pudieran hablar, contarían historias de ojos llenos de alegría, tristeza, esperanza, celos o malas intenciones. Entré en mi bandeja de entrada. Ni siquiera abrí los mensajes nuevos, los mandé todos a la papelera. Miré
5 hacia uno de los muros y reprimí el deseo de empezar a darle golpes. Solía ser nuestra señal para asomarnos a la ventana y hablar. Al otro lado de aquella pared estaba la habitación de Juan Carlos, pero él ya no quería hablar conmigo, ¿verdad? Con un suspiro, apagué el ordenador y me fui a duchar. Después de
10 aquello, no fui al colegio en dos días. A mis padres les dije que no me sentía bien y que iría cuando empezaran los exámenes finales. Ellos me hicieron muchas preguntas, pero dejaron que me quedara estudiando en casa. Cuando me miraba en el espejo veía la cara de alguien que parecía realmente
15 enfermo. Y ya no hablemos del ojo y del labio hinchado que, desde luego, necesitarían más de un par de días para volver a la normalidad. No sé si fue porque todo el mundo andaba nervioso estudiando, pero el número de mensajes que me llegaron aquellos días fue muy inferior. Yo me esforcé por
20 dejar la mente en blanco para conseguir una buena nota en los finales, incluso le pedí a Alicia que dejáramos de vernos. Le dije que era porque quería concentrarme, aunque también lo hice para ver si Álex se olvidaba un poco de ella. Pero no hizo falta, porque durante aquellos días parecía como si nuestra
25 pesadilla personificada se olvidara de todo lo que lo rodeaba; no hablaba con nadie, no salía por las tardes, ni siquiera se le veía el pelo en los recreos. Me extrañó su actitud, hasta que me di cuenta de lo que estaba haciendo.

El sistema de exámenes finales en nuestro colegio era muy
30 sencillo: si sacabas en uno de ellos más puntuación que tu media en aquella materia, te quedabas con la nota del examen. Vamos, que podías tocarte las narices durante todo el curso,

---

2 **los celos** *pl* Eifersucht – 3 **la bandeja de entrada** *infor* Posteingang – 5 **reprimir** contener (unterdrücken) – 15 **hinchado** más grande por un golpe o herida – 20 **dejar la mente en blanco** *loc* no pensar en nada – 27 **no ver el pelo a up** no dejarse ver – 30 **la puntuación** nota, calificación – 32 **tocarse las narices** *loc coloq* no hacer nada

que si clavabas los exámenes (caso hipotético, porque no era probable que si no hubieses estudiado te pusieras a hacerlo en aquel momento), tendrías una buena media del curso. Y parecía que el repetidor había decidido tomárselos en serio.
5 Creo que solo intentaba demostrarse a sí mismo que lo que yo le había dicho aquel día en el vestuario no era verdad. Mis sospechas se confirmaron cuando, en la ceremonia que hubo en el colegio el día después de que terminaran los exámenes, entre murmullos de asombro y miradas de estupor, Álex recogía
10 el diploma que le daban al mejor estudiante de segundo de Bachillerato. Subió al estrado con el ceño fruncido y la cabeza alta, y lo cogió con rapidez, como si fuera algo que prefería olvidar. Ni siquiera se mostró feliz cuando le entregaron el cheque con la cantidad de dinero que le otorgaba la escuela
15 por ese logro. Solo volvió a su asiento con la mayor celeridad posible. Después de aquel acto y del discurso del director para despedirnos como alumnos del colegio, cada uno volvió a sus respectivas clases. En la nuestra nos esperaba algo de comida y música que habíamos preparado para las últimas horas que
20 pasaríamos juntos en aquella aula. Aunque yo no la iba a echar mucho de menos. Ojalá alguien me hubiera dicho unas horas antes que al final de aquella fiesta iba a pasar algo como lo que acabó ocurriendo.

A veces, los métodos incorrectos hacen que de la mejor de
25 las intenciones salga el peor de los actos. Eso fue lo que sucedió aquel día. Pasaron las horas, se nos acabó toda la comida que habíamos traído a la clase (eso fue en cuestión de minutos) y los abrazos y demás gestos de despedida empezaron a sucederse, a pesar de que en un par de semanas nos volveríamos a ver
30 durante los exámenes de selectividad. Yo no le dije adiós a casi nadie. Solo Estrella, que creo que se sentía algo culpable,

---

1 **clavar** *aquí:* hacer uc muy bien – 9 **un murmullo** ruido que se hace hablando sin entender lo que se dice – 9 **el asombro** sorpresa – 9 **el estupor** sorpresa, desconcierto – 11 **un estrado** Podest – 14 **otorgar** dar (→ verleihen) – 15 **un logro** uc conseguido con esfuerzo (→ lograr) – 15 **la celeridad** rapidez, velocidad – 18 **respectivo** correspondiente, de cada uno – 28 **sucederse** seguir uc a otra cosa

se acercó al rincón en el que estaba para desearme suerte con la universidad y esas cosas. Me dio la sensación de que quería preguntarme acerca de las marcas que tenía en la cara, porque seguramente sospechaba quién me las había hecho, pero al
5 final no dijo nada sobre ellas. Me miró con ojos preocupados durante unos instantes y se despidió sin más.

Mis compañeros empezaron a irse y la clase se fue vaciando. Alicia me dijo que iba a quedarse un poco más, porque quería hablar con Roberto de algunas cosas del grado universitario
10 de Informática (había acabado decidiendo que eso era lo que quería estudiar), pero él se había ido un momento del aula. Nos quedamos un rato más allí esperándole. Pensaba que estábamos solos en clase, ella y yo, hasta que le vi sentado en el alféizar de la ventana. Una pierna le colgaba por la pared
15 exterior, la que daba a la calle, y a pesar de que estábamos en un tercer piso, no parecía importarle la altura. A Álex siempre le había gustado sentarse en lugares temerarios como aquel. Su mirada se perdía hacia algún lugar del cielo. Estaba pensativo. Cuando se le veía en aquel estado, casi parecía un adolescente
20 soñador normal y corriente. Aparentemente no se daba cuenta de nada de lo que ocurría a su alrededor. Solo aparentemente.

—¿Se puede saber qué miras?

Por una vez, su voz no sonaba amenazadora o sarcástica, pero con Álex nunca se sabía.
25 —Lo siento, es que no te había visto.

Alicia me miró fijamente, como diciéndome: «Después de lo que te ha hecho, ¿cómo puedes hablarle con total normalidad?». Sé que ella pensaba que era demasiado inocente, que no me defendía, pero no se trataba eso. Simplemente pensaba que
30 todo el mundo merecía la oportunidad de arrepentirse de sus actos.

Viendo que Álex no se dignaba a contestarme, lo dejé en paz. Eché un vistazo distraído por toda la clase, todavía sin recoger

---

6 **un instante** momento corto – 9 **un grado** carrera – 14 **un alféizar** Fensterbrüstung –
17 **temerario** up que hace cosas peligrosas – 20 **corriente** normal, ordinario –
23 **amenazador** amenazante – 32 **dignarse a uc** ≠ rechazar, negarse

de la fiesta, deseando que el profesor llegara pronto para que así Alicia y yo nos pudiéramos ir de una vez. Me di cuenta de que Juan Carlos se había dejado su estuche encima de la mesa. Seguía siendo tan olvidadizo como siempre. Tomé nota para 5 cogerlo luego y entregárselo a su madre en cuanto llegara a casa.

—No sabía que Roberto iba a tardar tanto —protestó Alicia—. Si quieres nos vamos ya.

Sonreí levemente. Desde luego, la paciencia no era una de 10 las virtudes de aquella chica.

—No te preocupes. Sé que quieres conocer más cosas sobre el grado y las universidades que lo dan, así que esperemos un rato más.

—Jope, por un día que podíamos llegar a casa un poco 15 antes...

Se oyó un ruido de una ventana que se cerraba. Álex se había puesto en pie.

—No será que tienes miedo de quedarte conmigo, ¿eh, Alicia?

20 Mis alarmas interiores se pusieron a bramar como locas. Por el tono de voz pude adivinar que a mi temido compañero se le había pasado rápidamente la aflicción. Noté cómo Alicia, instintivamente, daba un paso en mi dirección. Más para protegerme que para protegerse ella misma.

25 —¿Y ahora qué es lo que quieres? —preguntó ella. No le tembló la voz.

—Baja esos humos, niña. Cualquiera diría que estás enfadada porque te he quitado el premio al mejor estudiante del curso. Vosotros, los empollones, siempre tan competitivos.

30 —Si te soy sincera, la sorpresa ha sido mayor que el enfado— reconoció Alicia.

---

3 **un estuche** caja o bolsita para guardar *p ej* bolis – 4 **olvidadizo** up que olvida fácilmente cosas – 4 **tomar nota** guardar uc en la memoria para recordar – 10 **una virtud** habilidad, facultad, capacidad – 14 **jope, jopé** *Esp interj coloq* muestra enfado, rabia – 20 **bramar** hacer ruido muy fuerte – 21 **temido** → temer – 22 **la aflicción** sufrimiento, tristeza – 29 **competitivo** up que lucha por ser la mejor

—Supongo que a tu chico no le habrá chocado tanto como a ti.

Mientras decía eso, Álex se colocó justo enfrente de mí, a menos de un metro de distancia. Era lo suficientemente
5 cerca como para ver aquel destello acerado en sus ojos que hacía tiempo había identificado como una mala señal. Por mi mente pasó una imagen, un recuerdo: yo mirando a un Álex completamente furioso desde el suelo mientras me retorcía de dolor.

10 Y el miedo empezó a instalarse en mi pecho impidiéndome pensar.

—Deja a Luis en paz. Ya hemos terminado el curso; seguramente, ni volveremos a hablar. Se acabó.

—Y sin embargo, me pregunto, ¿por qué sigo poniéndome
15 enfermo cada vez que veo su cara? —dijo Álex.

—Porque eres un repugnante acosador violento.

—No te he pedido tu opinión, Alicia.

Nos quedamos unos instantes en silencio, Álex mirándome con los ojos entrecerrados, Alicia con el cuerpo en tensión y
20 yo intentando no temblar de miedo. Ella iba a añadir algo más cuando, de repente, alguien llamó a la puerta y, al no recibir respuesta, la abrió.

Yo estaba rezando para mis adentros porque fuera Roberto, pero me equivoqué. Se trataba de Juan Carlos. Había vuelto
25 para buscar su estuche olvidado; al vernos a los tres juntos y parados en medio de la clase, se olvidó de su propósito y se quedó mirándonos sorprendido.

Álex fue el primero en reaccionar.

—El que faltaba —dijo en son de burla—. El mejor amigo
30 traidor.

Aquel comentario era injusto. Yo no me sentía traicionado; en primer lugar, porque sabía que le había hecho bastante daño a mi mejor amigo con todo lo que ocurrió con aquella

---

5 un **destello** brillo – 5 **acerado** malvado, penetrante – 8 **retorcerse** hacer movimientos bruscos con el cuerpo – 16 **repugnante** que da asco, repulsión – 16 **un acosador** up que acosa – 30 **un traidor** up no fiel a up (→ traicionar)

chica que le gustaba, Natalia, y, además no creía que él hubiera tomado aquellas fotos con mala intención. Desde entonces no me hablaba ni había intentado defenderme, de acuerdo, pero Juan Carlos siempre había tenido el triple de problemas 5 para relacionarse con la gente, y tampoco era mi propósito que acabara como yo solo por ser mi amigo. Y sabía, por las miradas que me echaba cada vez que me veía, que él se sentía realmente culpable. Con eso me bastaba para no guardarle ningún rencor. Nosotros éramos como hermanos: podíamos 10 estar peleados, pero nuestro vínculo seguía ahí. Ojalá se pudiera ir rápido. No quería que se viera involucrado en toda aquella escena.

—¿Buscas tu estuche? Está encima de tu mesa —le dije—. Cógelo y corre, que si no vas a perder el autobús.

15 Pero él no me escuchó. Avanzó despacio hacia nosotros, observándonos por turnos con ojos muy abiertos.

—¿Qué está pasando aquí? —preguntó.

Estaba nervioso y su voz sonaba entrecortada. Intenté pensar en alguna manera de echarle, pero a no ser que el 20 profesor llegara pronto, Juan Carlos iba a unirse a la lista de víctimas de Álex que Alicia y yo encabezábamos. Dios, ojalá me equivocase.

—Estábamos despidiéndonos —dijo el repetidor—. Ya sabes, recordando los buenos momentos del curso.

25 —No... ¡no bromees! —exclamó Juan Carlos—. ¿Despidiéndoos? ¿Igual que Luis, cuando dijo que las heridas de la cara eran porque se había caído? ¿Te crees que soy idiota?

Álex sonrió amargamente.

—Puede que idiota no, pero lo que sí que eres es un auténtico 30 cobarde. Y estoy seguro de que estos dos piensan lo mismo.

—Parece que por una vez estamos de acuerdo —afirmó Alicia.

---

10 **peleado** → pelear(se) (streiten) – 10 **un vínculo** unión, relación – 11 **involucrado** implicado, relacionado con, metido en – 15 **avanzar** caminar, desplazarse – 16 **por turnos** de uno a otro – 21 **encabezar** ser los primeros – 25 **bromear** hacer bromas – 28 **amargamente** con tristeza, frustración (→ amargura)

—Pues yo no. Nunca he opinado eso de ti.

Los tres se giraron hacia mí. Yo bajé la cabeza y miré al suelo. El flequillo me cubrió parte de la cara.

—Sigue siendo mi mejor amigo —dije, más para mí mismo
5 que para que me oyeran mis compañeros. Por supuesto, lo escucharon.

—Pongamos una amistad tan pura a prueba.

No entendí qué quiso decir Álex con aquel comentario. Y como seguía con la vista agachada, no pude ver a tiempo el
10 puño que volaba hacia mí, pero sí sentí el dolor. Me dio debajo del ojo que ya tenía morado. E iba con tanta fuerza y yo estaba tan débil que caí al suelo, no sin que antes uno de mis hombros chocara contra la esquina de un pupitre.

Me hizo daño. Mucho. Me costaba respirar. Y lo peor era
15 el miedo que en ese instante se expandió por mi cuerpo congelando todos mis músculos. No, otra vez no...

—¡Para! —gritó Alicia.

—Pues dile al mejor amigo aquí presente que intente detenerme.
20 —¡Tú, hijo de...!

Gritando aquello, Alicia intentó ponerse entre los dos, pero era tan pequeña que Álex la apartó sin esfuerzo. Yo intenté levantar un poco la cabeza, lo que hizo que casi perdiera el conocimiento. El golpe había sido demasiado fuerte.
25 Cuando me incorporé un poco pude ver a Juan Carlos. Y entonces sí que reaccioné.

Por desgracia, ni siquiera me quedaba energía suficiente como para alzar la voz.

—No...
30 Nadie oyó mi susurro. Juan Carlos, con los ojos saliéndose de sus órbitas como si estuviese poseído, levantó la mano con

---

3 **un flequillo** pelo delante de la frente (Pony) – 9 **agachado** hacia abajo –
11 **morado** violeta – 20 **hijo de** *puta vulg* insulto – 23 **perder el conocimiento** quedar inconsciente – 28 **alzar** subir, levantar – 31 **poseído** dominado por un espíritu

la que sostenía el objeto que me había llamado la atención, el que acababa de coger de la mesa de los restos de la fiesta situada a su lado.

Para cuando Álex se dio cuenta, era demasiado tarde. Mi mejor amigo, con la cara totalmente desencajada, le clavó el cuchillo a la altura del estómago.

---

5 **desencajado** desfigurado, con mal aspecto – 5 **clavar** meter uc *puntiagudo* (Spitz) por la fuerza en un cuerpo

Epílogo

Aquí estoy otra vez, soy Juan Carlos. Solo quería añadir algunas notas finales que concluyan la historia después de que yo, llevado por la histeria y la culpabilidad, apuñalara a Álex.

5 Ni siquiera sé en qué estaba pensando, si es que en aquel momento era capaz de pensar. Lo único que recuerdo es mi deseo de que dejara de pegar a mi mejor amigo, de que Álex parara de decir aquellas crueles verdades sobre mi cobardía que soltaba como dardos envenenados. Entonces vi el cuchillo

10 que se encontraba entre los demás que habíamos utilizado en la fiesta. Puntiagudo. Dañino. No fue como en las películas, que cuando hieren a alguien este se queda mirando paralizado a su agresor como diciéndole: «¿Por qué me has hecho esto?». No, aquí el que se quedó congelado fui yo, mientras Álex

15 empezaba a gemir de dolor, encogiéndose sobre sí mismo. El olor a sangre, ese olor metálico que a mucha gente le hace desmayarse, empezó a expandirse por la sala. Menos mal que Alicia estaba allí. Con una rapidez increíble sacó el móvil, llamó al 112 y explicó la situación. Luego se acercó a la puerta de la

20 clase y, a gritos, hizo que varios profesores que se encontraban cerca entraran apresurados en la clase. Se pusieron blancos al ver a nuestro compañero todavía con el mango del cuchillo sobresaliéndole espeluznantemente del vientre, y a Luis medio inconsciente tirado en el suelo mientras le salía sangre de una

25 ceja.

En poco tiempo llegaron la atención médica y la policía. Metieron a Álex en una ambulancia y a Luis lo atendieron dentro de clase. Mientras, Alicia le explicó todo a los policías que habían venido al conocer la existencia de una herida de

30 arma blanca. Intentaron interrogarme a mí, pero en aquel

---

3 **concluir** terminar, acabar – 4 **apuñalar** clavar un cuchillo a up – 9 **un dardo envenenado** Giftpfeil – 13 **un agresor** up que usa la violencia contra alguien – 16 **olor** → oler – 17 **desmayarse** perder el conociemiento – 21 **apresurado** rápidamente, con prisa – 22 **un mango** parte *p ej* de un cuchillo para agarrar – 23 **espeluznante** horrorso, aterrador – 27 **atender a up** dar ayuda médica – 30 **un *arma* blanca** *f* que corta, *p ej* un cuchillo

momento no era capaz de hablar, ni de moverme, ni siquiera de reflexionar con tranquilidad. Solo miraba el alboroto de profesores, policías, padres y médico que se había montado, como si aquello no fuera real, como si en cualquier momento
5 pudiera despertar de aquella pesadilla. En algún momento, no sé cuándo, mis padres llegaron y, hablándome con voces que yo no oía, me sacaron de allí y me intentaron llevar hasta el coche, pero no lo consiguieron. Cuando salí a la calle, me vino de golpe toda la ansiedad, todas la lágrimas, la angustia.
10 Empezó a dolerme el pecho y noté cómo me costaba respirar, coger aire. Creo que es a lo que llaman un ataque de pánico. Menos mal que uno de los auxiliares médicos pasaba por allí y pudo ayudarme. Luego me dio unas pastillas, tranquilizantes supongo, que me tomé como si fuera una marioneta sin
15 voluntad. Y aun con esas, aquella noche, en mi casa, casi no pude dormir. Me desperté varias veces entre sudores fríos y con los gritos de dolor de Álex resonando en mi cabeza. No superé aquello en varios meses. Luis y Alicia hicieron la selectividad en junio. Fue como si nada les pudiera afectar; sacaron unas
20 notas increíbles y escogieron universidad y carrera. La verdad es que no los vi en mucho tiempo, porque mi madre decidió que necesitábamos un cambio de aires (lo dijo en plural, pero sé que se refería a mí) y nos mudamos a otra parte de Madrid.

Tampoco hice ningún esfuerzo por mantener el contacto con
25 mi mejor amigo. A pesar de todo el tratamiento psicológico que recibí, todavía era incapaz de enfrentarme a él. Me presenté a la convocatoria de la selectividad en septiembre y con mi nota conseguí una plaza en la Universidad Politécnica.

Pero supongo que la pregunta del millón es ¿qué le pasó a
30 Álex? Por suerte, como yo estaba histérico, apunté mal (o bien, según se mire) y la herida no fue muy grave. Al menos no dañó

---

2 **un alboroto** desorden, tumulto – 3 **montarse uc** *coloq* organizarse – 9 **la ansiedad** angustia (Beklemmung) – 15 **aun con esas** ni siquiera así – 16 **el sudor frío** gotas de agua que emite el cuerpo por el miedo (Angstschweiß) – 20 **escoger** elegir – 22 **un cambio de aires** *loc* irse de un lugar, mudarse (Tapetenwechsel) – 26 **enfrentarse a uc** hacer frente (gegenübersehen) – 27 **una convocatoria** fecha para un examen – 30 **apuntar** dirigir uc hacia un lugar

ningún órgano importante, aunque pasó mucho tiempo hasta que se recuperó. Él tuvo que esperar todo un año para hacer la prueba de acceso a la universidad, pero cuando lo hizo sacó la mejor nota de toda la Comunidad. Su historia apareció en
5 varios periódicos. Tan solo espero que aquel cuchillo, que no consiguió hacerle mucho daño a Álex, sí que matara al demonio que tenía dentro. Volví a encontrarme con Luis en mi segundo año de universidad. Me pilló bastante desprevenido. Era por la mañana; yo estaba en la cafetería, en el pequeño descanso
10 que teníamos para desayunar, sentado con varios de mis compañeros en una mesa al lado de la ventana. Entonces los vi a través del cristal, un chico y una chica, caminando juntos a través del campus. A ella me costó reconocerla, porque yo no recordaba a Alicia con aquel pelo tan largo. Él, sin embargo,
15 seguía igual. Todavía sentado, observé cómo Alicia le daba un rápido beso en los labios antes de echar a correr, como si llegara tarde a algún sitio. Él se dirigió a la cafetería. Cuando Luis atravesó la puerta y se quitó su cazadora, yo no pude mantenerme quieto. Me levanté sin avisar a mis compañeros y
20 anduve con paso rápido hacia él. Al verme aparecer puso cara de sobresalto al principio, pero luego sonrió. Sí, una sonrisa. De las auténticas. De las de antes de segundo de Bachillerato.

—Esto sí que es una sorpresa —dijo.

—¿El qué, verme?

25 —Mi horóscopo del periódico de hoy decía que me iba a encontrar con un viejo amigo. La sorpresa es que esas cosas acierten, no el verte a ti.

Solté una carcajada.

—Ahora en serio —dijo Luis—. Me alegro de verte.

30 —Yo también –confesé.

---

8 **desprevenido** por sorpresa, que no espera uc – 19 **mantenerse** *aquí:* quedarse –
19 **quieto** sin moverse – 21 **un sobresalto** susto – 27 **acertar** ≠ equivocarse –
30 **confesar** reconocer, admitir

—Pues cualquiera lo diría. Te mudaste, borraste tu Tuenti, no respondías a mis mensajes ni a mis llamadas... Me he subido por las paredes intentando contactar contigo.

—Lo siento mucho, es solo que... necesitaba olvidarlo todo.

5 —No hace falta que te disculpes, si yo te entiendo mejor que nadie. ¿De verdad crees que he vuelto a hablar con alguien de clase después de aquello? Aparte de Alicia, claro.

—La he visto desde mi mesa antes. Luego me paso a saludarla.

10 —Entonces será mejor que lleves una armadura —me recomendó Luis con una sonrisa—. Lo de olvidar los errores no va con ella. Seguramente intentará usarte como saco de boxeo.

Mis amigos, desde la mesa, me hicieron un gesto para indicarme que se iban. Les respondí levantando la mano con 15 el pulgar hacia arriba.

—¿Te puedes saltar esta clase? —le pregunté a Luis—. Creo que tenemos muchas cosas con las que ponernos al día.

---

2 **subirse por las paredes** *loc* estar muy enfadado o nervioso – 10 **una armadura** traje de metal – 12 **no ir con up** no gustar uc a up – 16 **saltarse** *una clase* no ir – 17 **ponerse al día** actualizarse

Alba Quinta Garciandia

La autora y su obra

Alba Quintas Garciandia (Madrid, 1994) es una joven escritora ganadora del Premio Jordi Sierra i Fabra en 2012 con la novela *Al otro lado de la pantalla,* publicada ese mismo año en Ediciones SM. Anteriormente había participado en el certamen en dos ocasiones, quedando sucesivamente Lista de Honor de Plata con *Actuando en la vida real* y Lista de Honor de Oro con *Por ver el color del cielo.* En el año 2013 fue finalista de la primera edición del premio La Caixa/Plataforma de novela juvenil por su novela *Globe.* En la actualidad es redactora de la sección de literatura juvenil del portal *Fantasy Mundo* y colaboradora de la publicación online *La Página Escrita*, la revista digital de la Fundació Jordi Sierra i Fabra. Todo esto mientras trabaja en sus nuevas historias y aprende las antiguas en el grado de Humanidades de la Universidad Carlos III de Madrid.

La Fundació Jordi Serra i Fabra

Fundació Jordi Sierra i Fabra (España) y Fundación Taller de Letras Jordi Sierra i Fabra para Latinoamérica (Colombia)

(Texto extraído de http://www.sierraifabra.com)

Durante años, mi casa ha estado abierta a todo chico o chica que quisiera verme, contarme sus cosas o entrevistarme para un trabajo escolar, y lo mismo para jóvenes periodistas, estudiantes o licenciados con interés por mi obra. De niño supe lo que era la soledad, y lo peor, que nadie creyera en mí. Cuando empecé a publicar novelas me juré que nunca daría la espalda a nadie. Lo he cumplido siempre.

Conocedores de esta predisposición, hace también muchos años empezaron a llegarme novelas y relatos procedentes de jóvenes de toda España. Aunque tardase seis meses por culpa del trabajo o los viajes, yo leía siempre esas obras y respondía a los candidatos a escritor. El volumen llegó a ser tal que escribí una novela, "Rabia" (Ediciones SM en castellano, Cruïlla en catalán), condensando esas experiencias. Desde entonces me bastó con decirles que la leyeran porque ahí estaba todo lo que pudiera decirles yo. Sin embargo, comprendía que para muchos eso no era suficiente. Y en cada uno de ellos o de ellas me veía a mí mismo a su edad.

De niño era tartamudo, mucho. A los ocho años atravesé una puerta de cristal y me dejé en el camino casi un brazo, casi la nariz, y muchas cicatrices corporales. En el hospital, vendado, sin poder leer, que era mi pasión, empecé a escribir y descubrí que escribiendo no tartamudeaba. Fue una revelación y decidí ser escritor. Ahí empezó el calvario. Mi padre no me dejaba hacerlo, me lo prohibía, lloraba si me veía escribiendo. Decía que "eso no daba para comer" y que "me moriría de hambre". Y para postre, en la escuela, además de maltratado por mi tartamudez me ponían ceros en lengua y literatura por culpa de mi desbordante fantasía. Resistí, escribí una novela de 500 páginas con 12 años y cuando la terminé yo tenía muy claro que sería escritor, y tanto me daba ser rico o pobre, famoso o no. Escribir es algo más que eso. Mi adolescencia fue pues traumática en este sentido. Y por extraño que parezca, en estos años, y hoy mismo, las cosas no han cambiado mucho, al contrario, en un tiempo tan materialista como este, la soledad del escritor adolescente es peor. Constantemente me dicen "mi padre no me deja escribir", o "mi padre me dice que estudie algo que me de dinero", o "mi padre dice que puedo escribir como hobby, pero que el dinero se gana con algo que tenga salida". Me pregunto, ¿no hay ningún padre que le diga a su hijo o hija, simplemente, que trate de ser feliz? Yo siempre he defendido que los sueños hay que lucharlos, que es mejor ganar un euro a gusto que dos a disgusto, que en la vida la libertad es esencial, tanto como estar bien con uno mismo, y que a la larga el que hace lo que le gusta llega a ganar incluso más.

El espíritu de la Fundació Jordi Sierra i Fabra nació con toda esta historia, hace años. Por un lado es normal que un escritor quiera asegurarse de que sus archivos no se pierdan al morir, y que lo mismo que ahora los estudiosos vienen a mi casa a investigar cómo trabajo o cómo hice tal o cual novela, lo puedan hacer en el futuro. Pero por el otro mi idea era crear un centro de estudios, biblioteca infantil y juvenil, local de conferencias, escuela y dormitorios para futuros becados. Un proyecto posiblemente enorme y superior a mis fuerzas, pero que es el objetivo final de la Fundació. Naturalmente es privada y está financiada exclusivamente por mí. Pero siempre hay que confiar. La vida es lucha. Mi lema sigue siendo "Todo es posible (si tú lo quieres)".

La Fundació Jordi Sierra i Fabra nace en España con un primer objetivo: ayudar a jóvenes escritores. ¿Cómo? De momento con un primer paso que ya está en marcha, la creación de un premio literario para menores de 18 años otorgado con el apoyo de la Fundación Santa María. Además de una dotación económica, lo más importante será que la obra ganadora la publicará Ediciones SM y la entrega tendrá lugar anualmente la noche de los premios de la Fundación Santa María, cuando se fallan el Barco de Vapor, el Gran Angular y el de Ilustración. Mejor, imposible. Este premio literario dará salida a muchos sueños infantiles y juveniles. Una vez consolidado, el futuro será tan inmenso como queramos que sea dentro de nuestras limitaciones.

Pero hubiera sido injusto, por mi parte, pensar sólo en España a la hora de dar forma a mi sueño. Es tal la energía, el amor, la fuerza y la amistad que he recibido de Latinoamérica en mis constantes viajes al otro lado del Atlántico, que la vocación de la Fundación se hizo rápidamente doble. He dado charlas maravillosas en muchos países, he sido invitado a ferias y congresos, tengo editores en Ecuador, Chile, Colombia, México, etc. Dar obras inéditas para ser publicadas en estos países ya era un regalo personal y una forma de mostrar mi cariño hacia ellos, pero crear allí un espejo de la propia Fundación española ha sido por supuesto algo más. Con ese espíritu he creado en Medellín, Colombia, la Fundación Taller de Letras Jordi Sierra i Fabra para Latinoamérica. Ambas fundaciones actuarán de forma independiente, con autonomía propia. Es más, la de Medellín, que inició sus actividades en enero, tiene ya objetivos mucho más amplios y asentados gracias al equipo de trabajo que la dirige, formado por profesionales reconocidos del mundo cultural colombiano. Los objetivos son dar seminarios, conferencias, formar profesorado, bibliotecarios... es decir, cuanto esté relacionado con la literatura y, especialmente, con la infantil y juvenil, con especial énfasis también en la ayuda a las futuras generaciones de jóvenes escritores.

Todo proyecto personal, toda iniciativa, y más cuando hablamos de este mundo mágico que es el de los libros en el que nos movemos todos, nace con ilusión, energía y una enorme dosis de esperanzas. En el poco tiempo que ha tardado esta noticia en expandirse, puedo asegurar que los apoyos han sido muchos, sobre todo de los propios compañeros de este gremio de plumíferos que, por suerte, no estamos sujetos a los egoísmos, las rencillas o las envidias del mundo de la narrativa adulta, tan hinchado de egos y sobrado de ombligos autocomplacientes. Trabajamos para un mismo objetivo, cada cual como puede o sabe: conseguir que los jóvenes lean y, en este caso, también que escriban.

La Fundació Jordi Sierra i Fabra también es vuestra.

Jordi Sierra i Fabra, 2004.

Objetivos

La Fundació Jordi Sierra i Fabra de Barcelona, España, es una entidad privada, sin ánimo de lucro, financiada por su impulsor, con el objeto primordial de ayudar a jóvenes escritores en el inicio de su carrera literaria, además de fomentar el placer por la lectura como vehículo esencial de formación. A la implantación del Premio Literario Jordi Sierra i Fabra para jóvenes, seguirán en el futuro nuevas iniciativas.

La sede de la Fundació

c/ Johann Sebastian Bach n°3, 3°1ª
08021 Barcelona (España
Web: www.sierraifabra.com
Mail: fundacio.jsif@ibernet.com

Jordi Sierra i Fabra

Abreviaturas y símbolos

adj	=	Adjektiv, adjetivo
adv	=	adverbio
aquí:	=	señala un significado específico de la palabra en el contexto
aum	=	aumentativo
coloq	=	coloquial
cul	=	cultismo (bildungssprachlich)
despect	=	despectivo
dim	=	diminutivo
Esp	=	peninsularismo, término o expresión del español de la Península Ibérica
etc	=	etcétera
etw	=	etwas
f	=	femenino
fam	=	lenguaje familiar
fig	=	lenguaje figurativo
fr	=	galicismo, palabra de origen francés
INF	=	infinitivo
infor	=	informática
interj	=	interjección
irón	=	irónico
jmd	=	jemand
juv	=	lenguaje juvenil
lat	=	latín
lit	=	literario
loc	=	locución, giro idiomático
m	=	masculino
mil	=	militar
p ej	=	por ejemplo
períf	=	perífrasis
pl	=	plural
s	=	singular
SUST	=	sustantivo
sup	=	superlativo

uc	=	una cosa, algo
u m en	=	se usa más como.../en... (wird hauptsächlich als .../in ... verwendet)
up	=	una persona, alguien
vulg	=	*expresión vulgar*
ǂ	=	contrario de
→	=	remite a una palabra ya conocida